Daniela GOLUBEVA

Challenge en el parque de atracciones

Papel certificado por el Forest Stewardship Council®

MIXTO
Papel procedente de fuentes responsables
FSC® C117695

Primera edición: marzo de 2020

Diseño de cubierta: Penguin Random House Grupo Editorial / Paola Timonet

Printed in Spain – Impreso en España

ISBN: 978-84-17736-71-2
Depósito legal: B-478-2020

Compuesto en Infillibres, S. L.

Impreso en Limpergraf
Barberà del Vallès (Barcelona)

BL 3 6 7 1 A

Penguin Random House Grupo Editorial

Daniela Golubeva

Challenge en el parque de atracciones

Daniela Golubeva

Ilustraciones de Judit Mallol

blok

B DE BLOK

INTRODUCCIÓN

—Hola, amigos, ¿qué tal estáis? ¡Tengo que hablar **SUPERBAJITO**! Estamos aquí con Polina, que se ha quedado a dormir en mi casa de Benidorm. Hemos montado una minifiesta de pijamas con Ana, pero mirad... ¡se ha **DORMIDO**!

Ana se había quedado K.O. encima del juego de mesa al que habíamos estado jugando. ¡No pudimos ni acabar la partida! Mi mejor amiga nunca dejaba de sorprenderme. Es capaz de dormirse en cualquier parte, ¡os lo prometo!

—No podemos ni recoger el tablero... ¿verdad, Polina?

—No, no podemos. Así que tendremos que jugar a otra cosa —dijimos a la cámara, muriéndonos de risa.

¿Has oído hablar del ***CHALLENGE DE LA BELLA DURMIENTE***? Probablemente no, ¡porque era un reto que me había inventado hacía menos de dos días! Verás, el *challenge* consiste en que, si uno de tus amigos se duerme, los demás le ponéis por encima todo lo que tengáis a mano: cojines, libros, bolis, zapatos... Cuanto más **LOCO** sea el objeto, más divertido será el resultado final. Eso sí, ¡tenéis que vigilar que no se despierte! Mi madre, Erika y yo jugamos al reto del Bello Durmiente cuando mi padre se durmió en el avión desde San Petersburgo hasta Benidorm. ¡Fue divertidísimo! Si quieres saber quién lo despertó, te recomiendo que leas mi anterior libro: *Daniela: El secreto de las Best Friends*. Te reirás un montón.

Así que empezamos a ponerle cosas encima a Ana: mis peluches de unicornio, un par de cojines, mis libretas... ¡Hasta conseguimos que se le aguantara un **LÁPIZ** en vertical encima de la cabeza! Era casi una obra de arte. Polina y yo teníamos que hacer esfuerzos para no morirnos de la risa y despertar a mi amiga. Yo apenas podía aguantar el teléfono en la mano; iba a

salir un **DESASTRE** de vídeo, ¡pero nos estábamos riendo muchísimo!

Polina cogió una de mis zapatillas y quiso ponerla encima de la oreja de Ana, pero entonces esta se despertó de golpe, tirándolo todo al suelo.

—**¿HOLA?** ¿Alguien ha llamado a la puerta? —dijo, medio soñando.

Polina y yo explotamos de la risa. ¡Realmente éramos capaces de hacer que cualquier cosa fuese divertida! Pero miramos el reloj y nos dimos cuenta de que era **TARDÍSIMO**; ¡teníamos que irnos corriendo a dormir! No podíamos llegar ni un minuto tarde al parque de atracciones. Sí, sí, has oído bien. ¿Nos acompañas? Algo me dice que nos esperan un **MONTÓN** de sorpresas. Va a ser una aventura... *¡YIPPEE!*

CAPÍTULO 1

La aventura empezó ese mismo día por la mañana. Me desperté tapada con el edredón hasta arriba, como si estuviese metida dentro de una nube blandita y caliente. Qué bien se está en la cama, ¿verdad? Sonreí, me estiré para desperezarme, abrí los ojos muy lentamente y vi... **UN PIE**. ¿Un pie? ¿Cómo que un pie? Debía de estar soñando todavía. Sí, tenía que ser eso, seguro. Volví a cerrar los ojos como para hacer una prueba, pero al abrirlos otra vez... Allí seguía. No, claro que no estaba soñando. Miré un poco más abajo. Ese pie tenía que estar enganchado a una pierna. Y esa pierna era... **¡DE ANA!**

De golpe me vino todo a la cabeza. Polina y Ana se habían quedado a dormir en mi casa después de la **SUPERFIESTA DE BIENVENIDA** que me habían preparado mis amigos de Benidorm. Yo había vuelto de Rusia después de mucho tiempo y decidieron que no estaría mal celebrarlo. ¡Y vaya si lo habíamos celebrado! Montamos un karaoke, un concurso de baile... ¡Hasta teníamos escenario! Fue una pasada. Menos mal que lo escribí todo en el diario antes de irme a dormir para acordarme de todos los detalles. Me encanta escribir y, además, bueno... ¡a veces puedo ser un poco despistada, así que me va genial! Pero si quieres saber todo lo que pasó en la fiesta, te recomiendo que leas mi libro anterior: ***EL SECRETO DE LAS BEST FRIENDS***. ¡Fue increíble!

Me levanté poco a poco con cuidado de no despertar a mis amigas. Polina seguía durmiendo en la cama pequeña que sale de debajo de mi cama de verdad. Parecía una **MUÑECA RUSA** de porcelana; no se había movido ni un milímetro. Mi mejor amiga Ana, en cambio, había empezado durmiendo con la cabeza en mi almohada y había acabado del revés. ¡Por eso tenía su pie plantado en mi nariz! ¡Menos mal que no olía a nada!

Y entonces me acordé de otra cosa aún más importante. ¿Cómo se me había podido olvidar? ¡Hoy íbamos al **PARQUE DE ATRACCIONES**! No lo pude evitar, pegué un grito y salté de la emoción. *¡YIPPEE!* ¡Qué guay, qué guay, qué guay! Me encantan los parques de atracciones, son los sitios más divertidos del mundo. Si lo piensas, es como si fueran ciudades enteras construidas solo para pasárselo bien. Sin coles, sin oficinas... Solo montañas rusas y sitios donde comer perritos calientes. ¡Son geniales!

Estaba tan emocionada que no me di cuenta de que había despertado a Polina sin querer. Se estiró y se sentó en la cama, bostezando.

—¡Sí que tienes energía por la mañana! Buenos días —me dijo, sonriendo y frotándose la cara como un **GATITO ADORABLE**. De repente, abrió los ojos como platos y me miró, asustada—. ¡Es verdad, tenemos que ir al parque! ¿Llegamos tarde?

—No, aún es pronto —le respondí, pero Polina ya se había levantado de un salto y había empezado a cambiarse de ropa. Me reí un poco—. ¡Tú también eres de las que se despiertan rápido!

Ana, en cambio, seguía durmiendo como un **TRONCO**. Cuesta muchísimo despertarla. Cuando íbamos a clase juntas se ponía cinco alarmas seguidas en el móvil **(¡CINCO!)** y aun así no conseguía despertarse.

Su madre siempre tenía que arrancarla de debajo de las sábanas para que no llegara tarde al cole. Y ¡pobre de ti si se te ocurría hablar durante el desayuno! Ana es de esas personas que por la mañana no hablan; solo saben enseñar los dientes y gruñir un poco mientras comen cereales. ¡GRRRRH!

Ana y yo nos parecemos mucho en muchas cosas, pero en esto no podríamos ser más diferentes. ¡Yo me levanto con muchísima energía! A ver, es verdad que a veces me cuesta un poco, como a todo el mundo, pero en general no me suelo despertar de mal humor. De vez en cuando pongo un poco de **MÚSICA** y todo, y la verdad es que va genial para empezar el día con buen pie. Pones una canción que te guste y de repente parece que el resto de las cosas saldrán bien. Pruébalo, ya verás. ¡Anima un montón!

—Hay que despertar a Ana —dijo Polina, acercándose a los pies de mi cama. Pero cuando estaba a punto de tocarla salté y la aparté de un tirón. ¡Justo a tiempo!

—¡No, espera! ¡No sabes lo **PELIGROSO** que es despertarla, tenemos que ir con mucho cuidado! La última vez que dormí en su casa por poco acabo con un mordisco en la oreja.

—¿Y cómo lo hacemos? —me preguntó Polina, susurrando.

Miré a Ana y me acerqué con mucho cuidado a ella. Me aclaré la garganta y, sin acercarme mucho y con la voz **MÁS SUAVE DEL MUNDO**, dije:

—Ana, ¡buenos días! ¡Va, despierta, que tenemos que ir al parque de atracciones! Mola, ¿verdad?

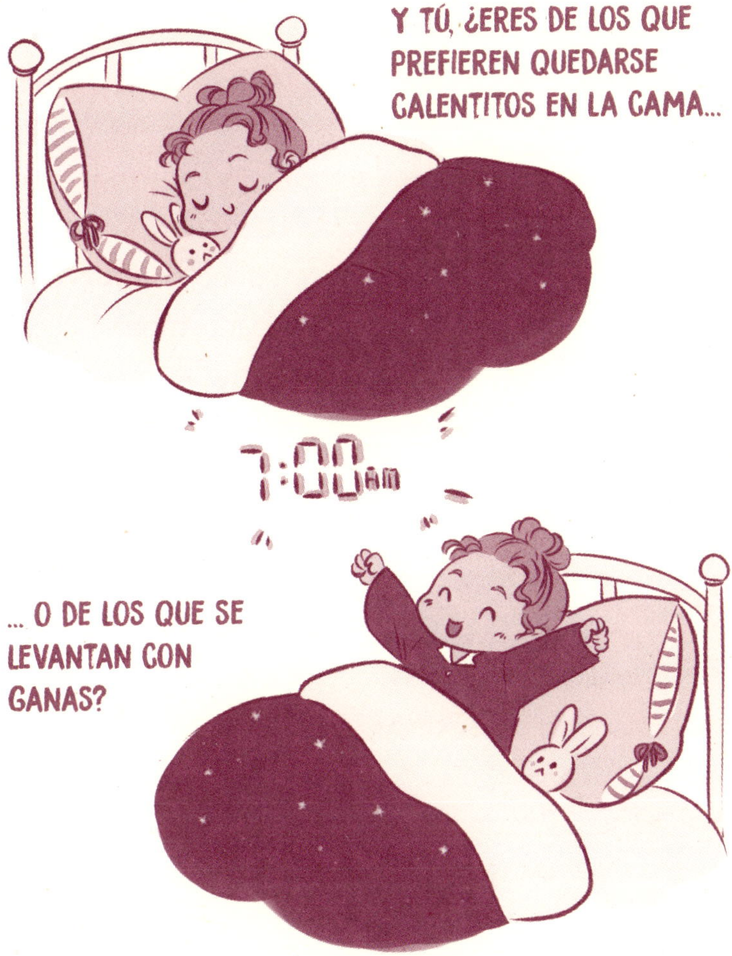

NI CASO. Qué desastre. Como siguiésemos así acabaríamos llegando tarde al parque. Entonces se me ocurrió probar lo de la música.

—¡Ya sé! Pondré su canción preferida. Así seguro que se levanta de buen humor.

Cogí el altavoz de mi mesa y lo enchufé al móvil para poner «Blank Space», de Taylor Swift. Sí, exacto, también es la cantante preferida de Ana. La canción empezó a sonar muy muy bajito para evitar sustos innecesarios. Pero aun así, me volví justo a tiempo de ver cómo un **PELUCHE** volaba directo de la cama hacia mi cara. ¡No me dio tiempo ni de pararlo con las manos! Polina se partía de risa al otro lado de la habitación. Vale, lo de la música no había sido buena idea. Ana seguía en la cama y encima me había **ATACADO** con mi unicornio rosa. ¿Cómo lo haríamos para conseguir que saliera? Y entonces se me ocurrió. ¡Era supersencillo! A ver, ¿qué otra cosa puede gustarle tanto como dormir a una marmota como Ana? Pues, ¡**COMER**, claro!

—Ana —dije, con voz aún más suave que antes—, vamos a **DESAYUNAR**. ¿Vienes?

—¿Desayunar? —Ana se incorporó rápida como una flecha. ¡Había funcionado!

Una vez estuvo fuera de la cama bajamos las escaleras hacia la cocina. La verdad es que a mí también empezaba a sonarme un poco la barriga. El desayuno es una de mis comidas preferidas del día. Los fines de semana, cuando mis padres no trabajan y Erika y yo no tenemos colegio, nos juntamos en la cocina por la mañana y preparamos algo especial: *pancakes*, crepes con fruta y chocolate... ¡MMMMMH! ¡Se me hacía la boca agua solo de pensarlo!

Pero llegamos a la cocina y no había nadie. ¡Habíamos sido las primeras en despertarnos!

—Qué raro —dije yo—. Normalmente, Erika es la que...

Y en ese momento Erika entró por la puerta de la cocina corriendo, como de costumbre. Ella también es de las que se despierta con energía, ¡aunque no siempre esté de buen humor!

—¿Qué hay para desayunar? —dijo entre bostezo y bostezo. Para ser una niña de tres años, Erika siempre tiene muy claro lo que quiere, ¡y no le da vergüenza pedirlo!

—¡Buenos días a ti también, señorita! —le respondí mientras abría la nevera. Empecé a sacar leche y zumos que teníamos por allí.

—Quiero queso. —Me miró desde la silla donde se había sentado con sus **OJOS ENORMES**. Es tan mona que casi no se le puede decir que no a nada.

—**¿QUESO?** ¿Para desayunar? —preguntó Ana, extrañada.

—Claro, ¿no coméis queso por la mañana en España? —Polina también se había sentado a la mesa y miraba a Ana con cara de no entender nada.

—¡No! Aquí desayunamos cereales o galletas con batidos de chocolate.

—Es verdad que en Rusia el desayuno es un poco diferente —dije yo.

En realidad, la comida rusa tiene bastante poco que ver con la comida española. Para empezar, las **MARCAS** son completamente diferentes. Si vas a un supermercado en San Petersburgo, probablemente no encuentres nada que te resulte familiar. ¡A no ser que sepas algo de ruso, claro! Pero si no es el caso, es bastante difícil saber qué es cada cosa. En Rusia también hay mucha costumbre de comer verdura cruda. Es verdad que en España se come muy sano, ¡pero allí comemos verduras a todas horas! Recuerdo una vez, cuando aún iba al cole en España, que salimos a jugar al patio y todos mis amigos sacaron su bocata de jamón, su bollo relleno de chocolate, su zumo de piña... En cambio, yo abrí la mochila y de dentro saqué... ¡una **ZANAHORIA** cruda y un termo con **TÉ CALIENTE**! Mis amigos me miraron como si fuese de otro planeta, pero yo estaba encantada. ¡La zanahoria me vuelve loca! Y es que en Rusia es tan común que ni siquiera se me pasó por la cabeza que fuese raro llevar una para el almuerzo.

Entonces se me ocurrió una idea divertidísima. ¿Y si le enseñábamos a Ana lo que era un típico **DESAYUNO RUSO**?

—Polina, ¿me ayudas a preparar un desayuno

como los que hacemos cuando estamos en San Petersburgo? ¡Así, Ana lo habrá probado sin tener que ir a Rusia!

Ana nos miró con un poco de **MIEDO**, pero Polina y yo nos pusimos manos a la obra enseguida. Íbamos a preparar tostadas con queso, fruta, verdura y un poco de carne asada cortada en lonchas muy finas. ¡Todo acompañado con té, claro! Hay muchísimas variedades. Mi preferido es el de frutas del bosque. ¡Está riquísimo!

Y tú, ¿también quieres probar un típico desayuno ruso? Apúntate esta receta, ¡está buenísima!

- PRIMERO, COGE UNA REBANADA DE PAN DE MOLDE BLANCO.

- UNTA EL QUESO CREMA SOBRE LA REBANADA DE PAN. EN RUSIA TENEMOS EL QUESO VIOLA, QUE ES COMO EL PHILADELPHIA PERO CON MÁS SABOR A QUESO. EN ESTE CASO, NOS TENDREMOS QUE CONFORMAR CON EL PHILADELPHIA.

- CALCULA UN CUARTO DEL PEPINO, COGE ESE TROZO MÁS PEQUEÑO Y GUARDA EL RESTO EN LA NEVERA. CÓRTALO EN RODAJAS. ¡NO LAS HAGAS MUY GORDAS! REPÁRTELAS POR LA REBANADA DE PAN, SOBRE EL QUESO CREMA.

- COGE UNA O DOS LONCHAS DE CARNE ASADA O JAMÓN COCIDO Y PONLAS POR ENCIMA DEL PEPINO.

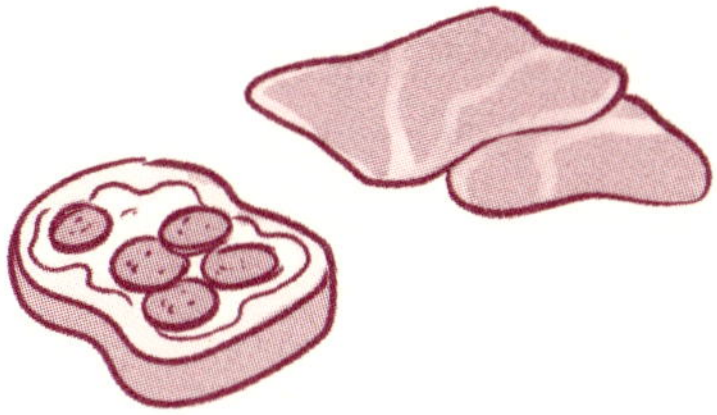

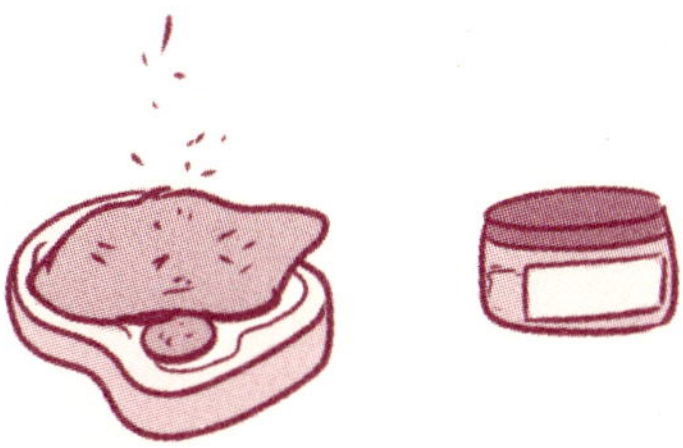

- ECHA UN POCO DE ENELDO POR ENCIMA.

- PARA ACOMPAÑAR, LAVA LA UVA Y PONLA A UN LADO EN EL MISMO PLATO. *VOILÀ!*, ¡HECHO!

Ana nos miraba como si nos hubiésemos vuelto locas.

—¿Queso con pepino? ¿Para desayunar?

—Ya verás, ¡dale una oportunidad! —le insistí yo.

Con cara de no fiarse mucho, Ana cerró los ojos y le dio un mordisco a la rebanada de pan. Masticó una o dos veces y... ¡OOOOOH! ¡Pues no estaba nada mal!

Justo en ese momento entraron mis padres por la puerta de la cocina.

—Pero ¿qué hacéis ya levantadas? ¿Nos habéis preparado el desayuno y todo?

¡Qué detallazo!

Mi madre, Katia, y mi padre, José Luis, son los padres más guais del mundo. Me imagino que todos deben pensar lo mismo de los suyos, pero... ¡es que lo son!

—¡Está buenísimo, Daniela! Gracias, Polina. —Mi padre sonrió con la boca llena de queso crema y carne asada.

—Un momento... —dije yo—. Papá, ¡esa era **MI TOSTADA**!

—¡Uy, pero qué tarde se ha hecho! —dijo mirando el reloj, haciéndose el despistado—. ¡Mirad la hora que es! Hay que salir corriendo hacia el parque. ¡Vamos, vamos!

¡Menos mal que son los más guais del mundo!

CAPÍTULO 2

Jorge: Dani, dónde estáis?
María: Solo faltáis vosotras! Tenéis las entradas, verdad?
Martín: Estamos en la puerta!
Ana: No os vemos, dónde estáis?
Paula: En la puerta!!
Jorge: *escribiendo*
• • •

Qué desastre, ¡llegábamos **TARDE**! Nos habíamos distraído demasiado con el desayuno. Y encima no había manera de encontrarnos. ¡El parque acababa de abrir las puertas y ya estaba todo lleno de gente! Un momento, un momento... **¡AHÍ ESTABAN!**

—¡Aquí! —gritaron todos, agitando el brazo.

Nos acercamos corriendo a nuestro grupo. ¡Por fin! Los padres de Ana ya estaban allí con todos los niños, y a su lado había una señora mayor muy bajita que supuse que era la abuela de Natasha, mi mejor amiga rusa. Polina, que había venido a España a aprender a hablar mejor el castellano, estaba pasando los días en su casa; ¡así no tenía que hospedarse con una familia desconocida! Natasha había sido muy amable, y su abuela parecía igual de **ENCANTADORA**. Polina se acercó a saludar y la abuelita le dio un abrazo de esos que solo saben dar las **ABUELAS**. Parece que no tienen nada de fuerza, ¡y de golpe te están **ASFIXIANDO** con los brazos!

—¡Menos mal que ya habéis llegado! Vamos a recoger las entradas a la taquilla. Pero antes, ¡una **FOTO DE GRUPO**! ¡Esto hay que recordarlo! —exclamó la madre de Ana. Los padres se alejaron y nos quedamos los niños delante de la puerta del parque, apretándonos todo lo posible para caber bien en la foto. ¡Éramos un **MONTÓN**! Mira, te los presento:

Vaya tropa, ¡había salido genial! Decidí subirla a **INSTAGRAM** para que la vieran mis seguidores. Debajo de la foto, escribí:

«Hoy estaré todo el día en el Parque de Atracciones con mis amigos. ¿Se puede pedir algo más? Estad atentos, porque seguro que haremos miles de *stories*. ¡Nos lo pasaremos superbién!».

En cuanto los padres se fueron a por las entradas, nos pusimos a hablar de la fiesta del día anterior. Había sido demasiado guay.

—¡El vídeo ya tiene más de **150.000 *VIEWS***! Es una pasada. —Jorge nos enseñó su móvil. En efecto, su vídeo de TikTok se había hecho **VIRAL** en menos de 24 horas. Verás, durante la fiesta de bienvenida organizamos unos **RETOS**, y uno de ellos consistía en hacer un vídeo de TikTok que tuviese el máximo de visualizaciones posibles. Estaba claro que Jorge, Ana y Lucía, el equipo que lo había hecho, habían ganado de sobras. Nadie se esperaba hacer un vídeo viral, pero... **¡NUNCA DIGAS NUNCA!** Abrazamos al equipo y los felicitamos. ¡Era todo un logro!

—¡No sé si el día de hoy va a conseguir superar esto! —exclamó Emma dando un codazo amistoso a Jorge.

—Ya verás como sí —respondió Paula—. Los parques de atracciones siempre molan muchísimo.

—¿Otro reto? ¿Qué se te ha ocurrido ahora? —Ana me miraba con cara sospechosa, pero yo sabía que mi idea era genial. ¡Nos solucionaba todos los problemas y, además, seguro que sería divertidísimo!

—¿Y si intentamos subirnos a **TODAS** las atracciones del parque en un solo día?

Todos se quedaron callados un momento, pensando. Polina fue la primera en hablar.

—No es mala idea... ¡Así todos nos subiremos en las atracciones que nos gustan!

—¡Y nos puede quedar un vídeo superguay! —acabé yo—. ¿Qué os parece?

—Yo me apunto —dijo Lucía levantando la mano.

—¡Yo también! No hay reto que se nos resista. —Emma hizo un gesto de fuerza con el brazo. ¡Cómo se nota que tiene madera de líder!

Al final todos estuvimos de acuerdo. Íbamos a recorrer el parque y a subirnos a TODAS TODAS TODAS las atracciones antes de que se acabase el día. ¡Qué emocionante! ¿Lo conseguiríamos? Seguro que sí, pero antes teníamos que planear la ruta. Martín fue a buscar uno de los **MAPAS** del parque y lo extendimos en el suelo. Nos apiñamos alrededor del papel y, con un boli, empezamos a marcar la ruta.

—Bien, está claro que la estrategia es abarcar el

máximo de atracciones en el mínimo de tiempo posible. Como tenemos las entradas **EXPRESS** nos podremos saltar las colas, y eso ya es un punto a favor nuestro. Solo tenemos que planear bien el recorrido. —Martín se rascó la cabeza con la punta del boli, pintándose un poco la piel de la patilla izquierda—. Veamos, teniendo en cuenta que son las diez y quince minutos de la mañana, y que la media de tiempo que pasaremos en cada atracción es de unos doce minutos... Si tenemos en cuenta el rato de caminar de un lado a otro y restamos el tiempo de la comida, entonces... —Menos mal que teníamos a Martín, ¡parecía complicadísimo! Empezó a garabatear números al lado del mapa y trazó una línea que iba de atracción en atracción hasta volver al punto de partida. Se lo miró y remiró dos o tres veces hasta que...

—¡Ya lo tengo! Si seguimos esta ruta y no paramos a comer más de treinta y siete minutos, podremos completar el reto. ¡Está **CHUPADO**!

Miré todos los cálculos que había hecho sin entender absolutamente nada. ¿Y eso era lo que Martín entendía por «*chupado*»?

—Vale, entonces hemos de seguir la flecha que has marcado, ¿no? —preguntó Jorge—. ¡Pues vamos!

En ese mismo momento llegaron los padres con las entradas y las pulseras, que servían para saltarnos

todas las colas del parque. ¡Iba a ser una pasada! Les explicamos nuestro plan de subirnos a todas las atracciones del parque en un solo día y a mi padre por poco le da un infarto.

—¿A todas? ¿Seguro que llegaréis?

—Lo he calculado a la perfección. De hecho, llevamos un par de minutos de retraso —respondió Martín mirando el reloj. Mi padre puso cara de no entender nada y miró a mi madre encogiéndose de hombros, como diciendo: «¡Qué le vamos a hacer. ¡Están fatal!».

—Vale, pero tened cuidado de no separaros, ¿de acuerdo? Vigilad a Erika, que ya sabéis que le encanta salir corriendo en cuanto te despistas. ¿Cuál es la primera atracción a la que os vais a subir?

Miramos el mapa de Martín. La primera atracción era... ¡El Laberinto Encantado!

CAPÍTULO 3

Llegamos a la entrada de la primera atracción casi corriendo. Mis padres, los padres de Ana y la abuela de Polina nos siguieron como pudieron, intentando no perdernos entre la gente. ¡Cada vez estaba más **LLENO**! El padre de Ana nos llamó a todos antes de que pudiésemos poner un pie dentro del laberinto.

—A ver, ¡un momento, hay que **ORGANIZARSE**! Nos encontramos a la salida del laberinto, ¿de acuerdo? Los mayores lo rodearemos por fuera y os estaremos esperando al otro lado. Y, sobre todo —nos miró con cara seria—, **¡NO OS SEPARÉIS!**

Juramos y rejuramos que no nos perderíamos de vista los unos a los otros en ningún momento. Entonces, como si fuéramos un equipo de **SUPERHÉROES** con la misión de salvar al mundo, nos colocamos en posición delante de la entrada del Laberinto Encantado.

—Bueno, vamos allá, ¿no? ¡Hay un reto que cumplir! —dijo Emma con cara de decisión, y cruzó la puerta sin pensárselo dos veces.

El laberinto era **ENORME**. Los muros eran, en realidad, setos verdes y frondosos que medían tres metros de alto. ¡Casi dos veces yo! Era imposible ver lo que había al otro lado ni asomarse por encima; estaba claro que lo habían construido a prueba de tramposos. La puerta era un arco de piedra en el que se leía el nombre del laberinto, justo debajo, una **INSCRIPCIÓN** muy misteriosa.

—¿Por dónde vamos? —preguntó Paula con cara de perdida.

Ya habíamos pasado la entrada y llevábamos caminando un par de minutos. Todos los pasillos eran iguales, ¡no había manera de orientarse!

—Pues hacia delante, ¿no? —le respondió Emma con cara divertida.

—Sí, bueno, ¡pero «hacia delante» pueden ser tres direcciones diferentes! —respondió Lucía mientras intentaba hacernos una foto desde detrás.

¡Menudo **LÍO**! Polina y yo nos cogimos de la mano para no separarnos, y poco a poco a todos les pareció buena idea sumarse a nuestra **CADENA HUMANA**. Acabamos los diez cogidos los unos a los otros, con Erika cerrando la marcha.

—¡La táctica del laberinto! ¡Muy bien, Daniela! —dijo Jorge, que se había cogido a la mano de Polina. Ella no podía dejar de mirar al frente, ¡y se le habían puesto las orejas **SUPERROJAS**! Ana y yo teníamos la teoría de que Jorge le gustaba un poco y, de momento, esas orejas parecían indicar que teníamos toda la razón. Intenté que no se me escapara la risa, pero Polina me pilló y me hizo una **SEÑAL** para que no dijese nada. Yo estaba a punto de explotar cuando Martín me salvó sin darse cuenta.

—Chicas, chicos, ¿ya sabéis por dónde vamos?

—¿Cómo vamos a saberlo? ¡Es un **LABERINTO**! ¡Por aquí! —dijo Emma girando de golpe hacia la izquierda.

—Un momento, ¡no se hace así! Deberíamos...

—¡Ey, creo que es por aquí! —De repente, Paula se **SOLTÓ** de la cadena y giró por un cruce que habíamos pasado por alto. Detrás de ella se fueron Lucía, Ana, María y Erika, y todas desaparecieron detrás de un arbusto en un abrir y cerrar de ojos.

—Cuidado, ¡no os soltéis! Si os soltáis os vamos a...

Corrimos detrás de ellas, giramos la esquina y... se habían **ESFUMADO**. Miramos a un lado y al otro, pero no había ni rastro de ninguna. ¿Cómo podía ser? ¡Si hacía menos de un segundo que se habían metido por allí mismo!

—¿Dónde habrán ido a parar? —dijo Jorge, aún sin soltar la mano de Polina.

—Más vale que las llamemos. ¿Qué tal tenéis los **PULMONES**? —dijo Emma, y de golpe cogió aire como si fuese un **ASPIRADOR** y empezó a llamar a nuestras amigas como una loca.

—¡AAAAANAAAAAAA! ¡MARÍAAAAAA! ¿HOLAAAAAAAA?

Jorge decidió ayudarla y se puso la mano libre alrededor de la boca a modo de **MEGÁFONO**.

—¡EOOOOOO! ¿LUCÍAAAAAAA?

Callamos un momento para ver si respondía alguien. Con esos muros tan altos y tan gruesos, ¿cómo nos iban a oír? Pero de repente me pareció oír la voz de Ana muy a lo lejos.

—¿DANIELAAAA? ¡EEEEOOOO!

Era Ana, ¡estaba segura!

—¿Lo habéis oído? ¡Ha sonado por allí, vamos! Daos la mano, así no nos volveremos a separar —dije, y una vez estuve segura de que Polina, Martín, Emma y Jorge estaban enganchados a mí, salí **DISPARADA** en dirección a la voz que había oído.

Giramos esquinas y corrimos por los pasillos a **TODA VELOCIDAD** siguiendo las voces, llamando a nuestras amigas y ellas respondiendo desde algún punto del laberinto. ¡Parecía una peli de aventuras! ¿Sabes esas películas en las que un **EXPLORADOR** se mete en un templo antiguo en busca de un tesoro y acaba cayendo en todas las **TRAMPAS** que lo protegen? Pues estábamos exactamente así, corriendo como si estuviésemos escapando de una lluvia de flechas o de una roca gigante a punto de aplastarnos.

Llegamos a un **CRUCE** en el que podíamos girar en cuatro direcciones distintas.

—¿Y ahora qué hacemos? —preguntó Polina con cara de preocupación.

—Pues volver a nuestra táctica más efectiva —dijo Emma convencida.

—¿Qué táctica?

—La de gritar como locos. —Y sin darnos tiempo a responder, Emma volvió a llenar los pulmones de aire—. ¡ANAAAAAAA! ¡ERIKAAAAAAA! ¿ME OÍÍÍÍÍS?

—Probablemente, la están oyendo desde la otra punta del parque —nos dijo Jorge con cara divertida.

Pero no nos dio tiempo ni de reír. De repente, una voz salió **DE LA NADA**.

—¿Emma? ¡Deja de gritar tanto! ¿Dónde estáis? —**¡ERA ANA!** La oía como si la tuviese justo al lado. Ya casi nos habíamos encontrado. El único problema era que no teníamos ni idea de dónde salía su voz.

—¿Dónde vamos a estar? **¡AQUÍ AL LADO!** —respondió Emma—. ¿Dónde estáis vosotros?

—Pues lo mismo te digo, ¡aquí!

La cosa no pintaba nada bien. Si no éramos capaces ni de encontrarnos entre nosotros, ¿cómo íbamos a llegar a la salida? Intenté pensar en algo que nos ayudase. ¿El **MÓVIL**, quizá? No, no tenía sentido, estábamos los unos al lado de los otros y ya nos oíamos perfectamente, así que llamarnos no serviría de nada. ¿Y si hacíamos una **VIDEOLLAMADA**? No, todos los pasillos tenían paredes idénticas, daba igual que nos viésemos. Y el Google Maps no funcionaba dentro del laberinto. «**¡PIENSA, DANI, PIENSA!**» Me dije a mí misma.

Y entonces se me ocurrió una idea. Era la cosa más **SENCILLA** del mundo.

—Chicas, ¡hay que jugar a un **JUEGO**!

Polina, Jorge, Emma y Martín me miraron como si me hubiesen salido pelos de las orejas. Vale, sí, sonaba raro, ¡pero estaba segura de que podía funcionar!

—¿Jugar? **¿¡AHORA!?** Dani, ¿seguro que estás bien? ¿Se ha dado un **GOLPE EN LA CABEZA** o algo? —preguntó Ana desde donde fuera que estuviese. A Polina se le escapó la risa y Jorge se acercó a mi lado.

—Dani, ¿en serio quieres ponerte a jugar ahora? ¿No crees que hay cosas más importantes que hacer primero? **SALIR DE AQUÍ**, por ejemplo.

—No es un juego. Bueno, quiero decir, sí que lo es, ¡pero nos puede ayudar a encontrarnos entre nosotros! ¿Habéis jugado alguna vez a MARCO, POLO?

—¿A qué? —preguntó Ana desde el más allá.

—Marco, Polo. Es un juego muy sencillo —dije yo, intentando mantener la **CALMA**.

—Ya sé qué juego es —dijo Martín. Se había llevado los dedos a la barbilla y se la estaba rascando, distraído—. Y creo que ya entiendo lo que quieres hacer.

—Chicos, ¿nos podéis explicar qué estáis tramando? —dijo María desde el otro lado.

—¿Es el juego de la piscina? —me preguntó Polina.

—¡Sí, exacto!

—¡EO! ¿Nos podéis explicar cuál es el plan, por favor? —gritaron nuestras amigas perdidas.

Resoplé, me armé de **PACIENCIA** y empecé a explicarle el **PLAN** a Ana y a las demás chicas. Y tú, ¿has jugado alguna vez a MARCO, POLO? ¡Es facilísimo! Normalmente, se juega en las piscinas donde se hace pie, pero también puedes probarlo fuera del agua. Para que funcione bien bastan dos personas. Una intenta

PILLAR a la otra, pero con una dificultad: la persona que pilla ha de llevar los **OJOS VENDADOS**. ¿Y cómo sabe entonces dónde está su víctima? Pues verás, cada vez que la persona que pilla grita la palabra «MARCO», el otro jugador ha de gritar «¡POLO!» para así darle una pista de dónde está. Si suena hacia la derecha, el que pilla irá hacia la derecha. Si suena a la izquierda, irá hacia la izquierda, y así hasta que consiga atraparlo. ¡Pruébalo con tus amigos, pueden jugar tantas personas como queráis! ¡Es divertidísimo!

—Vamos a utilizar el juego para saber dónde estamos, ¿vale? Cada vez que nosotros digamos «Marco», vosotras respondéis «Polo». Si en algún momento dejamos de oírnos, tenemos que **VOLVER HACIA ATRÁS** hasta que nos volvamos a oír, y entonces empezar a caminar juntos otra vez. Si nos oímos bien es que estamos yendo en la misma dirección y solo tenemos que **CONTINUAR HACIA DELANTE** hasta que nos encontremos. ¿Qué os parece?

No sabía si me había explicado bien. ¡Si nos volvíamos a perder sería **IMPOSIBLE** salir de allí! Pero parecía que todo el mundo había entendido el plan.

—Vale, vamos a probarlo —dijo Lucía a través de los arbustos.

—¿Estáis preparadas? ¡MARCO! —gritó Emma

con todas sus fuerzas. Había que admitir que este juego se le daba de maravilla.

—¡POLO! —contestaron nuestras amigas.

Empezamos a caminar hacia la derecha, nos paramos unos metros más allá y volvimos a gritar:

—¡MARCO!

—¡POLO!

Genial, ¡había sonado **SUPERCERCA**! ¡Estaba funcionando! Seguimos en esa dirección, y...

—¡MARCO!

—¡POLO!

Vaya, parecía que nos habíamos **ALEJADO**. Volvimos sobre nuestros pasos y volvimos a probar, esta vez cogiendo el camino de la izquierda. ¡Bien, volvía a sonar muy fuerte!

—¡MARCO!

—¡POLO!

—¡MARCO!

—¡POLO!

—¡Chicos, está funcionando, no me lo puedo creer! —dijo Polina casi aplaudiendo de la emoción.

—Creo que ya falta menos, ¡solo un poco más!

—¡MARCO!

—¡POLO!

—¡MARCO!

—¡POLO!

—¡MARCO!

Fuimos cogiendo **CARRERILLA**, emocionados. El plan había funcionado, ¡estábamos tan cerca! Casi podíamos oír los pasos de las cinco chicas. Giramos una esquina y justo cuando estábamos a punto de gritar por enésima vez...

CAPÍTULO 4

De repente estábamos todos **POR EL SUELO**, apiñados los unos encima de los otros. ¿Qué había pasado? Intenté levantar un poco la cabeza por encima de mi propio brazo para conseguir ver algo. Nos habíamos chocado contra... **¡LAS CHICAS!**

—Dani, ¡me estás aplastando! —Esa era Ana. **¡MENOS MAL!** Ya había empezado a pensar que no nos encontraríamos nunca. Pero el plan de *Marco, Polo* había funcionado a la perfección, excepto por el pequeñísimo detalle de que habíamos acabado **ATROPELLÁNDONOS** entre nosotros.

Nos levantamos del suelo como pudimos, riéndonos a **CARCAJADAS**. Yo me quité el pie de Ana de la cara por segunda vez ese día, y cuando consiguió incorporarse del todo me abrazó con todas sus fuerzas. Cuando abraza, Ana es casi como una **ANACONDA**; ¡te coge y te aplasta hasta dejarte sin aliento!

—Eres la mejor amiga más lista del mundo, ¡ha sido **BRILLANTE**!

—Ana tiene razón, ¡ha sido genial! Tengo ganas de volver a jugar y todo. —Paula rio mientras se sacudía el polvo de los pantalones. Estábamos todos llenos de tierra por culpa de la caída; parecía que acabábamos de salir de una **BATALLA CAMPAL**.

—Yo me apunto, pero si puede ser en algún otro sitio, mejor. No vuelvo a meterme en un laberinto nunca más —dijo mi prima María mientras intentaba quitarse la suciedad de la chaqueta.

—Pues creo que aún nos queda laberinto para rato. ¡Mirad! —señaló Emma.

Con las prisas y el choque no nos habíamos dado cuenta ni de dónde habíamos ido a parar. En lugar de haber encontrado más pasillos, ahora estábamos delante de un **ESPACIO ABIERTO** entre los setos, más o menos del tamaño de mi jardín en Benidorm. El suelo estaba cubierto de hierba fresca recién cortada, y en el centro había una **FUENTE** decorada con peces de piedra. A su alrededor habían puesto bancos para que la gente pudiese sentarse a escuchar el sonido del agua al caer sobre la pileta. ¡Parecía que habíamos entrado en un **PAÍS MÁGICO** o algo así! Era muy muy relajante.

—¡Qué bonito! —exclamó Lucía, y empezó a hacer fotos como una loca.

—Chulísimo —dijo Jorge, que había avanzado

hasta ponerse cerca de la fuente—. ¡Pero esto significa que aún no hemos conseguido salir! ¿Sabéis lo que es esto, verdad?

Jorge nos miró a todos con cara de **DESESPERACIÓN TOTAL**. Nosotros lo miramos sin entender a qué se refería.

—Es el **CENTRO DEL LABERINTO**. ¡Estamos solo a mitad de camino!

Lucía dejó de hacer fotos de golpe y María hizo un ruido, algo así como «NOOOOHHOOORGH», llevándose las manos a la cabeza. ¿Cómo podía ser? ¡Si parecía que habíamos entrado hacía siglos! Intenté pensar en algo, mirando por todas partes; alguna manera de subirnos por encima de los dichosos arbustos y ver en qué dirección estaba la salida, o alguna señal en alguna de las entradas al centro del laberinto, o...

De repente, me di cuenta de que había algo que me **MOLESTABA** desde hacía un rato. Pero ¿el qué, exactamente? Miré la fuente, los bancos, la hierba... No, no era nada de eso. Todo parecía estar en su sitio. Se oía el agua de la fuente y el «SWOOOOSHH» del aire al pasar entre las hojas de los muros. Si escuchabas bien, hasta se podía oír algún pájaro a lo lejos, y el ruido sordo de las atracciones y de la gente del parque. Todo era **PAZ Y TRANQUILIDAD**. Entonces ¿por qué tenía esa sensación de que **ALGO ANDABA MAL**? Como si faltara algo moviéndose... Y entonces caí en la cuenta:

—Chicas, chicos... ¿Dónde está **ERIKA**? —pregunté a mis amigos mientras notaba que me ponía **BLANCA COMO EL PAPEL**. Todos empezaron a mirar a su alrededor.

—¿No estaba con vosotros? —dijo María con voz nerviosa. Ay, ay... Si hasta mi prima, que era la persona más **CALMADA Y RACIONAL** que conocía, se estaba empezando a preocupar, la cosa no pintaba nada bien.

—No. Pensábamos que os había seguido a vosotras —respondió Emma sin dejar de mirar por todas partes.

—Vaya desastre... ¡Hay que encontrarla! —Por un momento me imaginé a Erika **SOLA** por el laberinto, buscándonos sin encontrar ni a nosotros ni la salida. Era terrible, ¡teníamos que hacer algo!

Pero ¿el qué? Habíamos tardado muchísimo en localizarnos entre nosotros, y eso que éramos mayores e íbamos juntos, haciendo más ruido. Buscar a una sola persona sin separarnos otra vez parecía **CASI IMPOSIBLE**; seguro que acabaríamos yendo de mal en peor.

—Hay que pedir ayuda —dije sin pensarlo dos

veces—. Tenemos que conseguir **SALIR DEL LABERINTO** para que alguien pueda ayudarnos a encontrarla. Me caerá la **BRONCA DEL SIGLO** si mis padres se enteran de que la hemos perdido, pero no puedo dejar a Erika sola por aquí dentro ni un minuto más.

—Estoy de acuerdo —dijo Jorge, asintiendo—. Pero seguimos teniendo el mismo problema de antes: ¿Cómo salimos de aquí? ¡Podemos tardar horas! Y encima no tengo cobertura.

Era verdad, mi móvil tampoco tenía ni una sola raya de señal. Parecía que el centro del laberinto estaba **PREPARADO** para que nadie hiciese trampas e intentase salir utilizando el móvil. Pero es que eso significaba que... ¡tampoco podíamos **LLAMAR**!

—¿Y si hacemos una **TORRE HUMANA** para mirar por arriba? —sugirió Lucía.

—¡Buena idea! —le dijo

Paula—. ¿Puedes cogerme? No, espera, mejor que se ponga Polina, que es más alta.

—¿Y si preguntamos a alguien? —María seguía con la misma cara de preocupación.

—¿A quién vamos a preguntar, si no hay nadie? Además, si nos encontramos con alguien por aquí será porque ellos tampoco saben salir —respondió Ana.

—Chicos, chicas, esperad... —Martín había estado un rato callado, pensando y dando vueltas, y ahora se había acercado a nosotros con cara de que se le había **OCURRIDO** algo. Pero justo cuando estaba abriendo la boca para hablar Emma lo interrumpió de golpe.

—¡Ya sé! Podemos hacer **SEÑALES** a las cámaras de seguridad, como en esa película de terror que vi la semana pasada. Aquella en que la gente estaba atrapada y...

—No era de terror, ¡era una peli de espías!

Se pusieron a hablar **TODOS A LA VEZ**. ¡Era como estar en una casa de locos! Lucía estaba intentando subirse a hombros de Polina mientras Jorge y Emma discutían sobre películas y señales secretas. ¡Vaya ayuda! Y mientras tanto Erika seguía **DESAPARECIDA**. Por más que me estrujaba el cerebro no se me ocurría ninguna solución. ¿Cómo les iba a decir a mis padres que había perdido a Erika? ¡Me pasaría semanas **CASTIGADA** sin poder salir de casa!

—Ey, escuchadme un momento... —Martín se había ido a meter en medio de todo el alboroto, pero nadie parecía hacerle caso. Cerró los ojos, respiró hondo y gritó—: ¡HAY UNA MANERA DE SALIR!

De golpe callamos todos y lo miramos con cara de susto. Normalmente Martín es bastante discreto; ¡verlo gritar nos había dejado **DE PIEDRA**!

Esperó un momento para asegurarse de que lo estábamos escuchando.

—Es un método muy conocido —empezó—. ¿Habéis oído hablar del TRUCO DE LA MANO?

Nos miramos entre nosotros para luego volver a mirar a Martín y decir que no con la cabeza. Parecía que no le sonaba a nadie, así que Martín continuó.

—Es muy sencillo, no sé cómo no se me ha ocurrido explicároslo antes. —Se colocó cerca de una de las paredes del laberinto, puso la mano derecha sobre los arbustos y continuó—. Hay que poner la mano sobre la pared de la puerta del laberinto, empezar a caminar y **NO LEVANTARLA** por nada del mundo. Si lo piensas bien, se podría decir que todas las paredes del laberinto son, en realidad, **LA MISMA PARED**. Tiene muchas esquinas y algunos trozos sueltos para despistar, pero en general es una única pared muy **RETORCIDA** que tiene un **PRINCIPIO** y un **FINAL**. Así que si pones la mano sobre la pared adecuada, no te despegas de ella y la recorres toda, llegarás allí donde sea que acabe. Y si empieza en la entrada, obviamente acabará en...

—La salida —dijo Jorge.

—Exacto.

Parecía demasiado fácil. ¿En serio era eso? ¿Poner la mano encima de una pared y «¡pum, ya está!»?

—¿Y cómo sabemos cuál es la **PARED BUENA**? —pregunté, no muy convencida.

—Si estuviésemos al principio del todo sería mucho más fácil saberlo, porque normalmente las paredes que forman la entrada son las correctas —admitió nuestro amigo—. Además, el truco pierde efectividad si el laberinto tiene un centro como este en el que estamos ahora... Pero es nuestra mejor opción. Podemos tardar un rato, pero tardaríamos mucho más si intentásemos encontrar el camino **AL AZAR**. Así llegaremos a la salida seguro y más rápidamente, porque al

tener una guía podemos correr todo lo que queramos, sin necesidad de pararnos a pensar.

Reflexionamos un momento. Si queríamos salir del laberinto lo más rápido posible, no se me ocurría mejor opción que esa, y parecía que nadie más sabía qué hacer. Al final nos pusimos de acuerdo y decidimos probar.

—Total —dijo Jorge con cara divertida—, si no salimos nunca de aquí, ¡por lo menos Daniela se librará de la **BRONCA**!

Nos reímos y nos pusimos a elegir pared. El centro del laberinto tenía cuatro salidas: una en cada pared. Cruzamos el césped hacia la que estaba **MÁS LEJOS** del punto por el que habíamos entrado y Emma puso la mano derecha sobre las hojas de los setos.

—Bueno, pues vamos allá. **EQUIPO, ¿ESTÁIS PREPARADOS?** —dijo, poniendo su mejor voz de capitana de fútbol.

—¡Sí! —gritamos todos a la vez.

—Muy bien. —Se puso en posición, cogió aire y...—. **¡EN MARCHA!**

Y salimos todos disparados.

CAPÍTULO 5

Corrimos todos detrás de Emma como si estuviésemos en una carrera. Ella iba delante de todo y con la mano derecha tocaba los arbustos, que pasaban por nuestro lado a **TODA VELOCIDAD**. ¡Volvíamos a parecer **EXPLORADORES** que escapaban de un templo maldito! Jorge iba justo detrás de la capitana, y me di cuenta de que había sacado el móvil del bolsillo y nos estaba haciendo un vídeo con la cámara de las ***SELFIES***.

—¡Empieza el Reto del Parque de Atracciones! ¡WOOOOW! —gritaba mientras intentaba enfocarnos—. ¡Decid hola a la cámara!

Todos saltamos y saludamos como pudimos, sin bajar el ritmo ni un poquito. Girábamos esquinas y pasábamos más y más cruces. Cuando llegábamos a un pasillo sin salida, Emma daba la vuelta entera sin despegar la mano de la pared y salíamos corriendo por donde habíamos venido. ¡Llegamos a pasar hasta TRES VECES por el mismo sitio!

—Martín —preguntó Ana resoplando—, ¿estás

seguro de que esto saldrá bien? Quiero decir... UF, UF... Hemos pasado... por el mismo cruce... ¡tres veces!

—Sí, confiad en mí, ¡no debe quedar mucho! Seguro que...

—**¡MIRAD!** —gritó Emma por encima de Martín.

No me lo podía creer. **¡LA SALIDA!** ¡Por fin! El truco de nuestro amigo había funcionado. ¡Menos mal, cada vez estábamos más cerca de encontrar a Erika! Aceleramos aún más el ritmo. Ya casi no faltaba nada. **CUARENTA PASOS. VEINTE PASOS. DIEZ. CINCO. UNO, Y...** ¡YIPPEEEEEEE! Cruzamos el arco de la salida del laberinto en tromba, como si fuésemos una **ESTAMPIDA**. ¡Lo habíamos conseguido! Lucía y Polina se tiraron por el suelo para coger aire y Jorge y Emma se pusieron a abrazar y a levantar a Martín por los aires, como si fuese el **GANADOR** de la carrera más importante de la historia. ¡Y la verdad es que había sido toda una **AVENTURA**!

Pero no teníamos tiempo para celebraciones. ¡Erika seguía desaparecida! Otra vez me la imaginé sola, buscándonos por donde fuera que estuviese. **¡QUÉ HORROR!** Teníamos que pedir ayuda. ¿Esa era la **IDEA**, no? Salir del laberinto y buscar a alguien que pudiese decirnos cómo encontrarla. Vale, pues ya habíamos conseguido salir, así que ahora empezaba la **SEGUNDA PARTE DEL PLAN**: dar con nuestro ayudante. Por suerte, los mayores aún no habían llegado a la salida del laberinto. Si encontrábamos a mi hermana antes de que apareciesen, ¡quizá no me caería la bronca! Miré a mi alrededor, buscando a algún trabajador del parque. Al entrar me había parecido ver que llevaban camisetas y gorras **ROJAS**, así que no tenía que ser muy difícil...

¡**OH**, allí había uno! ¡Qué suerte!

—Chicos, chicas, ¡hay que pedir ayuda para buscar a Erika! —dije mientras me alejaba de mis amigos y caminaba hacia el trabajador—. Esperadme aquí, voy a hablar con ese encargado.

—De eso nada. Te acompañamos. —María se puso a mi lado y me cogió de la mano, apretándola un poco para darme ánimos, y me sentí mucho mejor al **INSTANTE**.

Caminamos o, bueno, más bien corrimos hacia el punto rojo. El hombre no estaba demasiado lejos y tampoco parecía estar yendo a ninguna parte. Debía de estar **ATENDIENDO** a alguien. De hecho, miraba hacia el suelo, como cuando hablas con una persona más baja que tú. Qué raro. Nos acercamos un poco más y vi que sí, en efecto, había alguien muy bajito a su lado. Lo tenía cogido de la mano y estaban **CHARLANDO ALEGREMENTE** el uno con el otro. Me sabía mal interrumpir, pero... un momento. ¿Esa no era...? **NO PODÍA SER.**

—¿Esa no es... Erika? —Nos quedamos todos con la boca abierta y corrimos aún más rápido hacia ellos, llamando a mi hermana. Pero ¿cómo había llegado hasta allí? Y eso que tenía en la mano... ¿era un **ALGODÓN DE AZÚCAR** más grande que su cabeza?

—**¡ERIKA!** —gritamos todos al llegar a su lado. Mi hermana pequeña nos miró, pegó un grito de alegría y nos saludó con la mano libre, soltando al chico del parque durante un segundo para luego volver a cogerle la mano rápidamente.

—¡No sabes qué susto nos has dado! —Me esforcé por poner cara seria, pero en realidad no podía ni enfadarme. ¡Estaba **SUPERCONTENTA** de que estuviera bien! Aunque, ahora que lo pensaba, estaba claro que Erika, siendo tan espabilada como es, nunca se habría quedado quieta en un rincón esperando de **BRAZOS CRUZADOS** a que la rescatáramos. Es mi hermana pequeña, pero cada día me demuestra lo rápido que crece, ¡y lo **GUAY** que es!

—¿Sois los amigos de Erika? —dijo el chico de la gorra roja. **UPS**, ¡nos habíamos olvidado de él completamente! Era bastante más mayor que todos nosotros, pero parecía muy simpático. ¡Erika no se despegaba de él!

—Yo soy su hermana, y estos son mis amigos —respondí yo mientras los demás saludaban—. Gracias por cuidar de ella. Nos hemos llevado un susto enorme, ¡pensábamos que se había perdido dentro del laberinto!

—En realidad, Erika me ha dicho que sois **VOSOTROS** los que os habéis perdido —nos dijo con cara divertida—. No os preocupéis, no hace tanto que os esperamos. La he visto sola en la salida del laberinto y, cuando le he preguntado si necesitaba ayuda me ha pedido que fuera a rescataros.

—¿Por qué habéis tardado tanto? —nos preguntó Erika con la boca llena de algodón de azúcar rosa—.

Me aburro, ¿podemos ir a la **SUPERMONTAÑA DE RUSIA**?

Todos nos reímos, aunque Erika ponía cara de preguntarlo muy en serio. ¿Se puede ser **MÁS MONA**?

—¿Y puede venir Miguel con nosotros, ***PORFI***? —nos preguntó, colgándose aún más de la mano del chico—. ¡Me ha comprado una **NUBE ROSA QUE SE COME**!

—Me encantaría, pero tengo que seguir con mi trabajo —respondió Miguel con voz amable—. Ahora que ya has encontrado a tus amigos puedo dejarte con ellos, y seguro que esta vez no os volveréis a separar. ¡Tienes que vigilarlos bien para que no se vuelvan a perder!

Erika puso cara de **RESPONSABILIDAD** y asintió con la cabeza con fuerza mientras soltaba la mano de Miguel, que se volvió hacia nosotros y nos sonrió.

—Cuidad bien de Erika, ¡nos hemos hecho buenos amigos! Me ha explicado que estáis grabando un vídeo para YouTube, pero no me ha querido decir nada más. He intentado que me lo contara, pero no ha habido manera. ¡Es una niña muy lista! —dijo el chico, y Erika sonrió de **OREJA A OREJA** antes de comerse otro trozo enorme de algodón de azúcar.

—Estamos intentando cumplir un reto —dijo Ana,

poniéndose a mi lado—. Queremos subirnos a todas las atracciones en un día.

—**¡OH!** —Miguel nos miró a todos con una mezcla de curiosidad y sorpresa—. Vaya, no es un reto fácil. ¿Creéis que os dará tiempo?

—Tenemos una ruta calculada —dijo Martín, enseñándole el mapa lleno de flechas y anotaciones—. Hemos tardado más de lo que pensábamos en salir del laberinto, pero si nos damos prisa creo que aún podemos conseguirlo.

—Mmmmh... Qué interesante. —Miguel cogió el mapa de Martín y lo **EXAMINÓ** atentamente—. ¿Y queréis subiros a todas todas todas las atracciones del parque?

Dijimos que sí con la cabeza, superconvencidos. Era difícil, pero queríamos seguir intentándolo. ¡No nos íbamos a **RENDIR TAN FÁCILMENTE**!

—Ya veo —siguió Miguel—. Pues si queréis montaros en todas las atracciones... —Miró a un lado y a otro como para asegurarse de que no nos escuchaba nadie, se agachó un poco para ponerse a nuestra altura y bajó la voz—... este mapa **NO OS SIRVE**.

Nos quedamos todos en silencio sin creernos lo que acabábamos de oír. ¿Cómo que no servía?

Era un mapa perfectamente normal, excepto por los garabatos locos que habíamos dibujado por todas partes. ¿Se refería a eso? ¿Lo habíamos estropeado?

—¿No sirve? ¿Por qué? —preguntó Martín—. Es el único mapa que hay. ¿Hemos calculado mal? Quizá si reducimos el tiempo de desplazamiento...

—No sirve —interrumpió Miguel con voz **MISTERIOSA**—. Porque en este mapa **NO SALEN TODAS LAS ATRACCIONES**.

Ahogamos un grito todos a la vez. ¿Qué quería decir? ¿Se habían equivocado al dibujar el mapa? ¡Pues vaya fallo! Pero algo no **CUADRABA**. La noche anterior habíamos estado mirando fotos del parque con Ana y Polina para decidir a qué atracciones nos queríamos subir, y no recordaba haber visto ninguna que no estuviese en ese mapa. A no ser...

—¿Quieres decir que hay una atracción que no conoce nadie? Como... ¿como una **ATRACCIÓN SECRETA**? —pregunté. ¡Esto empezaba a sonar muy **INTERESANTE**!

—Exacto —respondió Miguel—. Si queréis completar el reto, tendréis que subiros también a esa, ¿no?

—Pero si no está en el mapa... ¿Cómo vamos a

ENCONTRARLA? —Jorge tenía razón. El parque era enorme, ¡podíamos pasarnos horas buscándola!

—Pues con un **MAPA** donde sí que esté, claro —respondió Miguel como si fuese la cosa más obvia del mundo.

De repente, casi de la nada, sacó un **TROZO DE PAPEL** muy **DOBLADO** y **VIEJO**. Se lo dio a Martín y él lo cogió con mucho cuidado, como si fuese a romperse solo con mirarlo. Muy poco a poco lo desdobló, y todos nos tiramos encima para poder ver bien el nuevo mapa.

Era muy parecido, por no decir **IDÉNTICO** al que nosotros teníamos, pero con una diferencia: había una **FLECHA** y una **REDONDA** señalando un **PUNTO CONCRETO** del parque. Estaba claro, ¡ahí tenía que estar la atracción secreta! Pero, un momento... Eso significaba que estaba detrás de... **¿¡LA CASA DEL TERROR!?**

CAPÍTULO 6

—No lo entiendo —dijo Martín—. Esto marca un sitio **DETRÁS** de la Casa del Terror. ¿Cómo llegamos hasta allí?

—¿No lo ves? Está muy claro —dijo Ana, tragando saliva—. Primero tenemos que **ATRAVESAR LA CASA**.

Todos nos pusimos un poco **PÁLIDOS** de golpe. Se me había olvidado **POR COMPLETO** que había una Casa del Terror dentro del parque. Yo no tengo demasiado miedo, ¡pero la verdad es que no me gusta nada que me asusten! Hacer bromas a mi padre, a mi madre o a Erika siempre es divertido, pero cuando te dan sustos **A TI**... Bueno, ¡eso ya es otra cosa!

—Sí, tendréis que conseguir pasar —dijo Miguel, divertido—. Pero no creo que os cueste demasiado. Tenéis pinta de ser **BASTANTE VALIENTES**.

Eso era verdad. Quizá éramos un desastre organizándonos y poniéndonos de acuerdo, o se nos daban **FATAL** los laberintos, pero lo bueno era que, al final, **SIEMPRE** acabábamos animándonos los unos a los otros y **SIEMPRE** conseguíamos solucionar todos los problemas. Me animé un poco pensando que, pasara lo que pasase, estaríamos allí **TODOS JUNTOS**. Y si estábamos juntos, ¡la Casa del Terror sería pan comido!

—¡Está bien, pues vamos allá! Hay que conseguir acabar el reto, y cada vez queda menos tiempo —dijo Jorge mirando la hora en el móvil.

—Es verdad, no podremos hacer un vídeo de todas las atracciones si nos quedamos aquí **PLANTADOS**. ¡Vamos! —nos animó Emma.

Todos estuvimos de acuerdo, pero de pronto Miguel se acercó y nos **INTERRUMPIÓ** a todos.

—¡Un momento! Antes de que os vayáis, os daré un **CONSEJO** —dijo—. Mientras estéis por aquí haciendo el reto, id pensando en esto: ¿qué creéis que es lo **MÁS IMPORTANTE** de un parque de atracciones?

Lo miramos como si de repente se hubiese dado un **GOLPE EN LA CABEZA**. ¿A qué venía esa pregunta ahora? ¿Y por qué quería que pensáramos en ello mientras hacíamos el reto? ¡Como si intentar subirse a todas las atracciones no fuese **SUFICIENTE**! ¿Qué más daba qué era lo más importante de un parque de atracciones? No tenía pinta de que la respuesta nos fuese a ayudar a completar el reto. Pero a Miguel le parecía la pregunta más **NORMAL** del mundo, supongo, porque no dijo nada más. Sonrió, nos guiñó un ojo y se despidió de nosotros.

—¡Buena suerte! —nos gritó mientras desaparecía entre la gente, dejándonos **PASMADOS**. ¿Qué habría querido decir?

Justo en ese momento aparecieron nuestros padres, caminando y charlando entre ellos, tan tranquilos. ¡**QUÉ SUERTE** haber encontrado a Erika antes de que llegasen! Nos vieron, saludaron y se acercaron a nosotros.

—¡Hola chicas, hola chicos! ¿Cómo ha ido la caminata por el laberinto? ¿Os habéis perdido mucho? —preguntó mi padre sin darle demasiada **IMPORTANCIA**. Dijimos que no con la cabeza, **DISIMULANDO** todo lo bien que podíamos. Hasta Erika hizo ver que todo había ido **COMO LA SEDA**. Pero solo de pensar en lo mucho que la habíamos **LIADO**, me entraba la risa. ¡Menos mal que mi padre no sospechaba nada!

—Erika, ¿de dónde has sacado ese algodón de azúcar **TAN GRANDE**? —dijo mi madre con los ojos abiertos como platos.

—Me lo ha dado Mi...

—**¡MI HERMANA!** Quiero decir... su hermana, Daniela. Eso, eso quería decir —interrumpió María. Uf, **¡POR QUÉ POCO!** Mi prima lo había parado justo a tiempo.

—Dani, ya sabes que Erika se pone **COMO UNA MOTO** cuando come azúcar. ¡Ahora sí que te la tendrás que llevar contigo, no va a poder estarse quieta! —Erika nos miró, pero hizo **COMO QUIEN OYE LLOVER** y siguió comiendo algodón rosa felizmente. Yo me encogí de hombros, como diciendo, «¡QUÉ LE VAMOS A HACER!».

El padre de Ana se acercó un poco más y nos preguntó por nuestro reto.

—¿Cómo va el vídeo? ¿Ya sabéis cuál es la **PRÓXIMA ATRACCIÓN** a la que tenéis que ir?

—Sí —dijo Martín, sacando el mapa de los garabatos—. Tenemos que ir a la Gran Montaña Rusa. ¡Es la segunda después del laberinto!

—¿Y si vamos **DIRECTAMENTE** a la Casa del Terror? —dijo Paula de golpe—. ¿No tenéis ganas de ver la atracción secreta que hay detrás?

—Pero si vamos allí primero nos saltamos todo el plan —respondió Lucía, no muy convencida.

—Sí, pero... ¿qué tipo de atracción debe de ser?

—preguntó Jorge mientras se rascaba la coronilla de la cabeza, como pensando.

—No puede ser muy alta, porque si no se vería desde cualquier sitio del parque —razonó Polina.

—¿Y si es al revés? Un **SUPERAGUJERO** por el que te tiras con paracaídas. ¡Lo he visto por internet, mola muchísimo! —dijo Emma con los ojos brillantes de la emoción.

—Tenemos que ir a descubrirlo ya —repitió Paula, emocionada.

Yo también tenía muchas ganas de encontrar la atracción secreta, pero... **¿QUÉ PASABA ENTONCES CON EL RETO?** Me parecía un poco como cuando te comes primero lo que más te gusta del plato y dejas el resto para más tarde. Al principio estás **SUPERCONTENTO** porque está buenísimo, pero para cuando te acabas lo demás ya ni te acuerdas de lo mucho que te ha gustado. En cambio, si dejas lo que más te apetece para el **FINAL**, disfrutas lo de antes y encima tienes una **RECOMPENSA** al final. ¡A mí me parece mucho mejor!

—Si vamos directamente a la Casa del Terror quizá no nos dé tiempo de hacer todo lo demás. Pensad que está al **OTRO LADO DEL PARQUE**, y... —dijo Martín, que ya había empezado a sumar y a restar minutos a la ruta.

—Bueno, tampoco pasa nada si no completamos

el reto. Es mucho más **INTERESANTE** descubrir cuál es la atracción nueva, ¿verdad? —nos preguntó Paula a todos.

—Yo lo dejaría para el final —dije, poniéndome de parte de Martín—. Así podremos ver todo el parque, nos quedará un vídeo guay y llegaremos con **MUCHAS MÁS GANAS** de ver lo que es.

—***¿ATRACCIÓN SECRETA?*** ¿De qué estáis hablando? —dijo mi padre, extrañado.

—Papá, ahora no, ¡estamos decidiendo algo muy **IMPORTANTE**! —Nos miró sin entender nada, se encogió de hombros y se volvió para seguir hablando con los demás mayores.

—Creo que deberíamos **VOTAR** —le sugirió Emma—. Somos nueve, así que no podemos empatar. ¿Qué os parece?

Martín y yo nos miramos, pero no había otro **REMEDIO**. Si algunos querían ir directamente a la Casa del Terror no podíamos prohibírselo, y sabíamos que en el fondo no queríamos volver a separarnos, así que no quedaba otra: teníamos que ponernos de acuerdo. Votar era lo más **JUSTO**, así que dijimos que sí.

—Vale, genial. A ver, ¿quién quiere hacer el **RETO EN ORDEN** y dejar la atracción secreta para el final? —preguntó Emma. Yo y Martín levantamos la mano, y Lucía y María la levantaron poco después. Jorge estuvo **A PUNTO** de hacerlo, pero no se decidía.

—Y, ¿quién prefiere ir a resolver el misterio de la atracción secreta **DIRECTAMENTE**? —Emma levantó la mano mientras acababa la frase, y Paula, Ana y Polina la imitaron.

Ahora estábamos empatados **CUATRO A CUATRO**. Jorge nos miraba a los unos y a los otros, dudando, pero acabó poniéndose de parte de los que querían ir directamente a la Casa del Terror. Polina le sonrió y **JURARÍA** que se puso rojo como un pimiento. ¡Estos dos estaban **ENAMORADÍSIMOS**!

—¡YUHUUU, decidido! Vamos directos a la Casa del Terror —dijo Emma, contentísima.

—Chicos, chicas, ¡esperad un momento! —Mi madre, Katia, se acercó a nosotros al ver que estábamos a punto de salir corriendo otra vez—. Si no nos vemos antes, nos encontraremos otra vez a la **HORA DE LA COMIDA** en la zona de restaurantes, ¿de acuerdo? **¡NADA DE LLEGAR TARDE!**

—¡SÍÍÍÍÍ! —respondimos todos con cara de no haber roto nunca un plato.

Nos despedimos de los mayores y, aunque se enfadó un poco con nosotros, tuvimos que **DEJAR A ERIKA** con mis padres. ¡Era demasiado pequeña para entrar a un túnel del terror! Aunque, la verdad, tratándose de Erika, creo que se habría acabado haciendo amiga hasta de las **MOMIAS**. Pero las normas eran las normas, así que le dimos un abrazo enorme y prometimos reencontrarnos más tarde.

—Vale, ¡vamos allá! —Emma y Martín se pusieron delante de todo para **GUIARNOS** con el mapa y empezamos a correr hacia la Casa del Terror. ¡Había hecho más ejercicio en ese parque de atracciones que en toda mi vida!

Pasamos por delante de la Gran Montaña Rusa y de la Caída Libre, y dejamos atrás la Serpiente Giratoria, y... ¿eso era una **ATRACCIÓN DE AGUA**? Jo, ¡qué guay, quería montarme en todas! Pero Paula y Emma y los demás siguieron corriendo en dirección a la Casa del Terror, y tuvimos que seguirles el paso.

Cruzamos todo el parque de atracciones hasta llegar a la **COLA** de la Casa, y cuando la vimos nos quedamos todos **FLIPANDO**. ¡Parecía un sitio **EMBRUJADO** de verdad! Era un edificio gris, de tres plantas, parecido a esas casas antiguas que salen en todas las pelis de **FANTASMAS**. Las ventanas estaban tapadas con maderas o con cortinas, y de alguna parte salían ruidos que te ponían los pelos de punta. ¡Molaba muchísimo!

—¿Seguro que no hay otra manera de llegar hasta la atracción secreta? —dijo María sin despegar los ojos de la puerta de la casa—. No soporto los **FANTASMAS**.

—Miguel nos lo ha dejado muy claro; hay que pasar la Casa del Terror. —Jorge la miraba con la misma cara de miedo. ¡Vaya par, **ESTO SÍ QUE NO ME LO ESPERABA**! Yo sabía que a María le daban mucho miedo los fantasmas, en especial esos que se tapan con **SÁBANAS BLANCAS**, pero no sabía que a Jorge le asustaban tanto las casas encantadas.

—No os preocupéis, ¡son todo **TRUCOS**, como en las pelis! —Rio Emma, que le encantaban las películas de terror—. ¿Vamos? ¡Me **MUERO DE GANAS** por entrar!

Todos la seguimos, un poco menos convencidos que antes. Había mucha cola, pero nos la pudimos saltar gracias a nuestros **PASES ESPECIALES**. ¡Realmente es genial no tener que esperar! Además, eso significaba que podríamos ir todos juntos. A veces, cuando las atracciones solo dejan pasar a un número de personas concreto, acaban dividiendo a los grupos grandes como el nuestro. ¡**GRACIAS** al padre de Ana!

Pasamos las vallas de seguridad sin ningún problema, y casi sin darnos cuenta estábamos en la **PUERTA DE LA CASA**, esperando a que nos dieran permiso para entrar.

—**¿NOS TOCA YA?** ¿Estáis seguros? —Jorge intentaba ver lo que había detrás de la puerta poniéndose un poco de puntitas, nervioso.

Y de repente, el de la puerta hizo una señal y Emma empezó a caminar hacia dentro de la casa. ¡Qué emocionante! Pero justo antes de que pudiésemos dar otro paso, una voz de **ULTRATUMBA** salió de la nada, **CONGELÁNDONOS** a todos y dejándonos clavados en el sitio.

—MMMMMMHHHH... ¿ADÓNDE CREÉIS QUE VAIS?

CAPÍTULO 7

María gritó y se pegó a mí como una **LAPA**. Todos nos volvimos de golpe hacia el sitio de donde venía la voz, y por poco nos caemos al suelo del susto que nos pegamos.

Una figura **ALTA** y **VESTIDA DE NEGRO** había aparecido de la nada y se había puesto entre nosotros y la puerta de entrada, bloqueando la salida. Llevaba puesto un **SOMBRERO DE COPA** muy viejo que le tapaba la cara y una **CAPA ENORME** que lo cubría del cuello hasta los pies. Iba medio encogido, como si fuese una persona muy mayor, pero aun así nos sacaba cuatro cabezas a todos. ¡Era **ESPELUZNANTE**!

—¿ADÓNDE... CREÉIS... QUE VAIS? —volvió a preguntar el hombre de negro con la misma voz de muerto viviente.

Nos miramos los unos a los otros. Parecía que nos lo estaba preguntando de verdad, ¿no? Emma no se lo pensó **NI UN MINUTO**. Se plantó delante del hombre y se aclaró la garganta, como si fuese a representar

UNA OBRA DE TEATRO allí mismo. Ya te lo he dicho, ¡mis amigos son muy muy valientes!

—Hemos venido a buscar la atracción secreta —dijo con toda la **TRANQUILIDAD** del mundo.

Nos quedamos quietos, esperando. Hubo un par de segundos de silencio, cuando de repente la figura empezó a... **¿REÍRSE?** Pero no era una risa normal. Era de esas que ponen los **PELOS DE PUNTA** y **LA PIEL DE GALLINA**. Como de **SUPERMALVADO** de película, ¿sabes?

—HAHAHAH... ¡HAHAHAH! ¡HAHAHAHAH! —Se agachó un poco para mirarnos más de cerca—. ¿Y qué os hace pensar que os dejaremos llegar hasta allí?

Eso sí que no nos lo esperábamos para nada. ¿En serio no nos iba a **DEJAR PASAR**? Vale que era una atracción secreta, pero ya sabíamos que existía, así que...

—Tenemos el mapa, ¡nos han dicho que está detrás de esta casa! —dijo Martín, enseñando el mapa que nos había dado Miguel. El hombre se lo quedó mirando y se alejó un poco de nosotros, como si estuviese pensando en algo.

—Mmmh... ya veo. —dijo, llevándose una mano al sombrero y tapándose aún más la cara—. Entonces también habréis dado con la respuesta al **ACERTIJO**.

A ver, un momento. **¿QUÉ ACERTIJO?** ¿De qué estaba hablando? Miramos el mapa que nos había dado Miguel por delante y por detrás para ver si había algo escrito, pero no vimos nada. Entonces, Ana levantó un dedo.

—¡Oh, ya sé! ¿Os acordáis que Miguel nos ha preguntado qué era **LO MÁS IMPORTANTE DE UN PARQUE DE ATRACCIONES**? Nos ha dicho que lo fuéramos pensando. ¡Quizá ese es el acertijo!

Miramos a la figura de negro, como esperando que nos dijera que sí, que esa era la pregunta que teníamos que contestar, pero se limitó a esperar y a mirarnos sin decir **NI UNA SOLA PALABRA**. ¡Vaya hombre más raro!

—Quizá tenemos que responder directamente —dijo Martín mientras volvía a rascarse la barbilla.

—¿Alguien sabe qué es lo más importante de un parque de atracciones? —preguntó Paula mirando de reojo a la figura negra, que seguía **INMÓVIL** entre nosotros y la puerta.

—Está bastante claro, ¿no? **¡LAS ATRACCIONES!** —dijo Jorge, convencidísimo.

—La respuesta es incorrecta —interrumpió la figura con la misma voz grave—. Os quedan **DOS OPORTUNIDADES**.

¡Y encima teníamos límite de respuestas! No descubriríamos cuál era la atracción secreta ni aunque nos pasásemos **MIL AÑOS** en el parque. Pero bueno, por lo menos ya sabíamos a qué pregunta se refería.

—**¿LA COMIDA?** —dijo Ana antes de que pudiésemos pararla.

—**INCORRECTO**. Os queda **UNA** oportunidad. —Casi parecía que la figura de negro se estaba riendo un poco. ¡Vaya morro!

—Ana, espera, ¡hay que pensar un poco! —dijo Lucía—. ¿A alguien se le ocurre algo más?

—Mmmmh... ¿Que no haya cola? —preguntó Jorge un poco al aire.

—¡Espera, no lo digas en alto...! —dije yo, pero era **DEMASIADO TARDE**.

—Respuesta incorrecta. No podéis pasar.

¡NOOOO! Ahora sí que la habíamos liado. Nos quedaríamos sin saber cuál era la atracción secreta y, por si fuera poco, no habríamos completado el reto. ¡Qué desastre!

Pero justo cuando pensábamos que estaba todo perdido, la figura de negro volvió a hablar.

—Volved cuando hayáis cumplido con **VUESTRO OBJETIVO**. Entonces, y **SOLO ENTONCES**, sabréis contestar la pregunta. Y ahora, ¡salid, antes de que me lo piense dos veces!

Se movió hacia nosotros y levantó un poco los brazos, y eso fue suficiente como para que saliésemos todos corriendo. Cruzamos la puerta de la Casa del Terror y no paramos hasta que estuvimos **BIEN LEJOS** de la atracción.

—¿Ha pasado lo que creo que **ACABA DE PASAR** o lo he soñado todo? —dijo Ana, intentando coger aire.

—Ha sido... ¡ha sido **GENIAL**! —gritó Emma—. Mucho mejor que todas las películas de terror juntas que he visto. ¿No os habéis muerto de miedo? ¡Qué pasada!

—Sí, muy guay, pero ahora **NO PODEMOS VOLVER** hasta que no sepamos la respuesta al acertijo este —respondió Jorge.

—**NO SOLO ESO** —interrumpió Martín—. Ha dicho que tenemos que «cumplir con nuestro objetivo» para saber responder, y creo que se refería al **RETO** de subirnos a todas las atracciones del parque.

—Sí, yo también lo he pensado —dije yo—. Pero **¿CÓMO SABE QUE QUEREMOS GRABAR UN *CHALLENGE*?**

Eso sí que daba miedo. ¡Qué personaje tan raro! Solo había una manera de que el hombre de la capa supiese que estábamos intentando cumplir un reto. Pero ¿era posible...?

—**SEA COMO SEA**, tenemos un problema gordo —dijo Paula, distrayéndome—. ¿Realmente creéis que nos da tiempo de **VOLVER A EMPEZAR**?

Todos nos volvimos hacia Martín, que ya estaba estudiando el mapa de Miguel y calculando las posibilidades.

—Creo que no —dijo al final.

No podía ser. Después de **TODO** lo que habíamos pasado, ¡seguro que había alguna manera de conseguirlo! Siempre se nos acababa ocurriendo alguna manera de solucionar todos los problemas... ¿verdad?

Pero esta vez parecía que no iba a ser **TAN FÁCIL**. Martín nos miró, triste, pero de golpe vio algo justo detrás de nosotros que hizo que se le iluminara la cara como si fuese una **BOMBILLA**.

—Esperad... ¡Tengo una idea! **¡MIRAD ALLÍ!**

Nos volvimos todos a una para ver a qué se refería Martín. Pero **¡NO HABÍA NADA!** Solo veía un montón de gente apiñada haciendo cola para subirse en... ¿el Tren del Parque?

¡CLARO! ¿Cómo no se nos había ocurrido antes?

—El **TREN** nos puede llevar al principio mucho más rápido; así no tenemos que ir caminando ni volver a pensar la ruta. Nos ahorraremos un montón de tiempo. ¡Creo que podemos conseguirlo!

¡Martín era un **GENIO**! Sin pensarlo más, fuimos hacia la parada y justo en ese momento llegó el tren que nos tenía que llevar otra vez a la entrada. Había mucha gente, pero conseguimos subirnos en el **ÚLTIMO VAGÓN** y nos apiñamos en las ventanas para poder ver cómo avanzábamos por las vías, cruzando el parque.

Y la verdad es que era **CHULÍSIMO**. ¿Te has subido alguna vez en un tren? El avión está muy bien, porque vas superrápido y puedes cruzar medio mundo casi sin darte cuenta, pero el tren es un poco más **ESPECIAL**. Ves el paisaje, vas más ancho... No sé, es como si disfrutases más del viaje. A ver, el tren del parque no era **EXACTAMENTE** un tren como los de verdad; era más pequeño, todo de madera, y los asientos eran bancos rojos bastante estrechos, pero molaba bastante. ¡Era como si nos hubiésemos subido en un tren antiquísimo y **SUPERMONO**!

Nos pasamos el trayecto haciéndonos fotos y vídeos, y vimos todo el parque de arriba abajo; ¡era increíble! Tenía unas ganas **LOCAS** de subirme a todas las atracciones. Lucía no paraba de disparar fotos con su cámara **RÉFLEX** y Jorge, que se había proclamado **CÁMARA OFICIAL DEL RETO**, estaba haciendo un reportaje completo de absolutamente todo.

—¡Estamos cruzando el parque en tren! Próxima parada... **EH**... ¿Cuál es la próxima parada?

Todos nos reímos y le intentamos quitar el móvil para responder.

—¡La montaña rusa, tonto! —dijo Lucía desde el fondo del vagón.

—¡Eso! La Gran Montaña Rusa! ¿Estáis **PREPARADOS**? —siguió Jorge mientras intentaba proteger el teléfono de las garras de Emma.

—¡Dame la cámara, que tú no sabes!

—¡Ups, creo que perdemos la conexión! ¡**CAMBIO Y CORTO**, chicos!

CAPÍTULO 8

Llegamos a la parada de la Gran Montaña Rusa y nos bajamos, con cuidado de no dejarnos nada en el vagón. El tren nos dejó en la misma entrada de la atracción, así que no tardamos nada en llegar al principio de la cola y, como siempre, pudimos **SALTÁRNOSLA ENTERA** gracias a nuestros superpases.

—No tener que hacer cola es **GENIAL** —dijo Ana, y era exactamente lo que todos estábamos pensando hasta que, de repente, vimos que había un grupo de personas esperando a subirse a la atracción justo antes que nosotros.

Nos acercamos y vimos que también tenían los pases especiales, pero aún no habían conseguido subirse y estaban esperando a que el vagón de la atracción volviese de dar la última vuelta.

—Esto nos pasa **POR HABLAR** —dijo Jorge, que seguía haciendo vídeos de **TODO LO QUE SE MOVÍA**—. Pues nada, ¡a esperar! ¿Alguien quiere jugar al «Veo, veo»?

—Veo, veo... anda, **¡MIRAD QUÉ FOTOS TAN CHULAS!**

Emma señaló un poco más allá de la cola, justo al lado de lo que, en realidad, era la salida de la atracción. Estaban un poco lejos y no se veían muy bien, pero era verdad: habían pantallas que enseñaban fotos de la gente que se había subido a la montaña rusa. Pero no eran fotos normales, no, no; los del parque habían colocado una **CÁMARA** cerca de una de las caídas más fuertes de la Montaña Rusa y esta disparaba **FOTOS** a la gente mientras pasaban gritando a toda velocidad. ¡Y no veas las **CARAS** que ponían! Era superdivertido. Pero lo mejor de todo eran las fotos de los que habían encontrado la cámara y se habían preparado para hacer **POSES** de lo más originales. Habían dos que señalaban a la cámara, como diciendo: «¡Ahí está!». U otros que habían decidido sacar la lengua, en plan **MILEY CYRUS**... ¡Hasta había una pareja que se había pedido **MATRIMONIO** en plena caída!

—¡Son geniales! —dijo Lucía, que siempre le encantaba todo lo que tuviese que ver con la fotografía—. Podemos intentar hacer poses divertidas. ¡A ver a quién consigue sacar la foto más guay!

Nos pareció una idea genial. La Gran Montaña Rusa ya era chula de por sí, pero si encima le añadíamos un **MINI *CHALLENGE***... ¡Podía ser brutal!

Como los asientos del tren de la montaña estaban organizados en filas de **TRES**, nos dividimos en tres grupos y nos pusimos a decidir las poses. Ana, María y yo nos pusimos **JUNTAS**. ¡Siempre se nos ocurren ideas brillantes!

—¡Ya sé! ¿Por qué no nos colocamos como si estuviésemos **ENFADADAS**? —sugirió Ana—. Cruzamos los brazos y ponemos caras largas, **ASÍ**. —Y solo su demostración de cara de enfadada ya hizo que nos **PARTIÉRAMOS** de risa. Perfecto, ya teníamos pose y, además, ¡era nuestro turno! El tiempo pasa volando cuando te lo pasas bien, ¿a que sí?

El grupo que se había subido antes que nosotros estaba bajando del vagón, ¡y parecía que todos habían flipado un montón! Salieron todos **DESPEINADÍ-**

SIMOS. Me habían dicho que eran las Montañas Rusas más altas y rápidas que existían, ¡y la verdad es que tenía unas ganas enormes de subirme! Me **ENCANTAN** todas las atracciones, pero las que más me gustan son esas en las que vas tan rápido o la caída es tan larga que casi **PARECE QUE VUELAS**. ¿Sabes cuando vas en avión y de repente parece que te **FLOTA EL ESTÓMAGO**? Vale, pues ahora multiplícalo por **MIL** y tendrás una idea de lo que se nota cuando te hacen ir a toda velocidad. ¡Es la mejor sensación del mundo!

Cuando los del grupo anterior acabaron de salir, nos dejaron pasar a nosotros. Ana, María y yo nos pusimos en **PRIMERA FILA**. Detrás nuestro se sentaron Jorge, Polina y Lucía, y justo después estaban Emma, Paula y Martín. ¿Qué pose se les habría ocurrido?

Nos abrochamos los cinturones y un encargado del parque se aseguró de que estábamos **BIEN ATADOS**. Vale que la sensación es superchula, ¡pero tampoco queríamos salir volando **DE VERDAD**!

—¡Qué nervios, qué nervios, qué guay! —dijo Ana, riendo sin parar.

—¡Dani, dame la mano, **DAME LA MANO**! —gritó María. Y justo cuando estábamos las tres bien cogidas las unas a las otras, la atracción **ARRANCÓ** de golpe.

¿Te has subido alguna vez a una atracción superrápida? Cuando empieza, el viento te pega de golpe al asiento y casi notas que no puedes **NI RESPIRAR**. Y eso es en general, así que imagínate si estás en **PRIMERA FILA**. ¡Es muy fuerte! La atracción empezaba yendo muy deprisa, pero sin subidas ni bajadas, para que te acostumbraras a la velocidad. Intenté mirar a María y a Anna, ¡pero casi no podía volver la cabeza! Por los gritos y las risas que oía, parecía que se lo estaban pasando bomba.

El vagón entró en la zona de los **TIRABUZONES**,

y luego hizo un **LOOP** que nos dejó colgando boca abajo. Yo no podía parar de gritar de la emoción. Estaba siendo aún más divertido de lo que me había imaginado. Y justo cuando pensaba que la cosa no podía mejorar, vimos que nos estábamos acercando a la caída **MÁS BESTIA** de toda la atracción. Pero para poder caer, claro, **PRIMERO HAY QUE SUBIR**.

De golpe, el vagón frenó y empezó a ir hacia arriba **SUUUPERDESPACIO**. Como íbamos más lentamente, María, Ana y yo pudimos girarnos para hablar entre nosotras. Vi el pelo de Ana y se me escapó una carcajada. Ella me miró sin entender nada.

—¡Jajajajaja! ¡Tu pelo! —le dije, sin poder aguantarme la risa.

—¡Pues anda que el tuyo! —respondió Ana, riéndose también. Seguro que llevábamos unas **PINTAS TREMENDAS**. María, que iba en el asiento del medio, nos cogió de la mano aún más fuerte.

—Esto está subiendo mucho. ¡Se ve todo el parque!

Y era verdad; iba tan **DISTRAÍDA** que no me había dado cuenta de lo muy arriba que estábamos. **¡LAS VISTAS ERAN INCREÍBLES!** Se veía el tren, y el laberinto, y un poco más allá el resto de las atracciones y la zona de restaurantes. Pensé en buscar a mis padres y a Erika, aunque desde tan arriba... ¡hasta Jorge hubiese parecido una **HORMIGA PEQUEÑÍSIMA**! La gente se movía de un lado a otro como si realmente fuesen bichitos superpequeños. ¡Era impresionante!

Y justo entonces, cuando casi me había olvidado de que estaba en una Montaña Rusa, llegamos al final de la cuesta. Nos dio el tiempo justo de mirarnos entre las tres, agarrarnos fuerte y... ¡WOOOOOOOOOOOOW!

¡Qué pasada! El vagón iba casi en vertical, directo hacia abajo. El aire pasaba tan deprisa que casi me **LLORABAN LOS OJOS**. El suelo se acercaba más y más, a toda velocidad, pero justo cuando parecía que lo íbamos a tocar, la vía giró y volvimos a ir hacia arriba, entrando en otra subida, pero esta vez mucho más rápido. ¡Parecía que no se acabaría nunca! Volvimos a bajar, y a subir, y a bajar, y a girar a la derecha, y a la izquierda, y fue en una de esas curvas donde, de golpe, notamos un ***FLASH* EN TODA LA CARA.** Por un momento no entendí nada. ¿Quién se pone al lado de la vía de una Montaña Rusa a hacer fotos? Y entonces me acordé de nuestro mini *challenge*. Qué desastre, con la emoción y los nervios de la atracción, ¡nos habíamos **OLVIDADO** de hacer nuestra pose! Quería llevarme una mano a la frente como para dramatizar el momento, pero seguíamos yendo a toda pastilla y casi no podía ni mover las manos. ¡A saber qué caras habríamos puesto!

De repente giramos una esquina y el vagón frenó prácticamente en seco. Habíamos acabado la vuelta a la Montaña. **JO,** ¡se me había hecho supercorto!

—**¡WOHOOOO!** ¡Qué pasada! ¿Vamos otra vez? —dijo Ana, que seguía con el pelo hecho un desastre.

Cuando el vagón paró del todo, nos desabrocharon el cinturón de seguridad y pudimos bajar a la plataforma. ¡Salimos de allí con las piernas temblando! Nos juntamos con todos los demás, que iban tan despeinados como nosotras, y te prometo que nadie podía parar de hablar de lo guay que había sido.

—Los tirabuzones han sido una **PASADA**. ¡se me ha subido toda la sangre a la cabeza! —dijo Martín con los ojos brillantes de la emoción.

—¿Y la caída? ¡Ha sido brutal! No te lo esperas y de repente... **¡PAM!**

—No, lo mejor ha sido al arrancar. ¡Eso sí que no me lo esperaba!

—Ey, ¡no os despistéis! ¡Hay que ir a ver las **POSES**! —nos recordó Lucía.

Fuimos corriendo hacia el mostrador donde tenían las pantallas con las fotos de la gente que acababa de subirse a la atracción. ¡Había muchas! Nos buscamos entre un montón de caras desconocidas y... ¡Oh, **ALLÍ ESTABAN**!

La primera en salir fue en la que se nos veía a Ana, a María y a mí, y por poco lloramos todos de la risa. La cámara nos había pillado **TOTALMENTE POR SORPRESA** y, la verdad, no sabría decirte quién de las tres estaba más graciosa. María había salido con la boca totalmente abierta y los ojos como platos, cogida a nosotras como si le fuese la vida en ello. Ana tenía los ojos medio cerrados y ponía **CARA DE VELOCIDAD**, con el pelo revuelto en todas direcciones. Y luego estaba yo, que salía mirando **DIRECTAMENTE A LA CÁMARA** con cara de susto; el *flash* había captado el momento justo en que me había dado cuenta de que nos habíamos olvidado del reto. ¡No podía parar de reír!

—Y el premio a la pose **MENOS PENSADA** es para... —dijo Jorge, riéndose de nosotras mientras lo grababa todo con el móvil.

La siguiente que apareció fue la de Martín, Emma y Paula, que se lo habían currado un montón. Martín había conseguido **SACAR EL MAPA** del bolsillo y hacía ver que señalaba en una dirección, mientras Paula miraba el papel con cara de concentración y Emma miraba hacia donde apuntaba Martín. ¡Era una pasada! Y pensar que nosotras ni siquiera habíamos conseguido encontrar la cámara...

Luego salió la de Jorge, Polina y Lucía, que no

habían pensado en utilizar ningún objeto... ¡pero habían tenido una idea **BRILLANTE**! En la foto se veía el vagón pasando a toda velocidad por delante de la cámara, y a ellos tres en sus asientos... ¡durmiendo como troncos!

¿Cómo lo habían hecho para no moverse? ¡Era genial!

—Son las mejores fotos que he visto jamás —dijo Emma—. ¡Es imposible decidir cuál es la ganadora!

—¿Y si las cuelgo en Instastories y hago una encuesta? Y quien se lleve más votos... ¡puede decidir dónde comemos! —contesté yo, sacando el móvil y fotografiando las pantallas donde salíamos nosotros. Realmente, eran las mejores fotos que había subido jamás. ¡Nos lo estábamos pasando *yippee*!

¿Y TÚ, CUÁL DIRÍAS QUE ES LA MEJOR FOTO? ¡VOTA TU PREFERIDA!

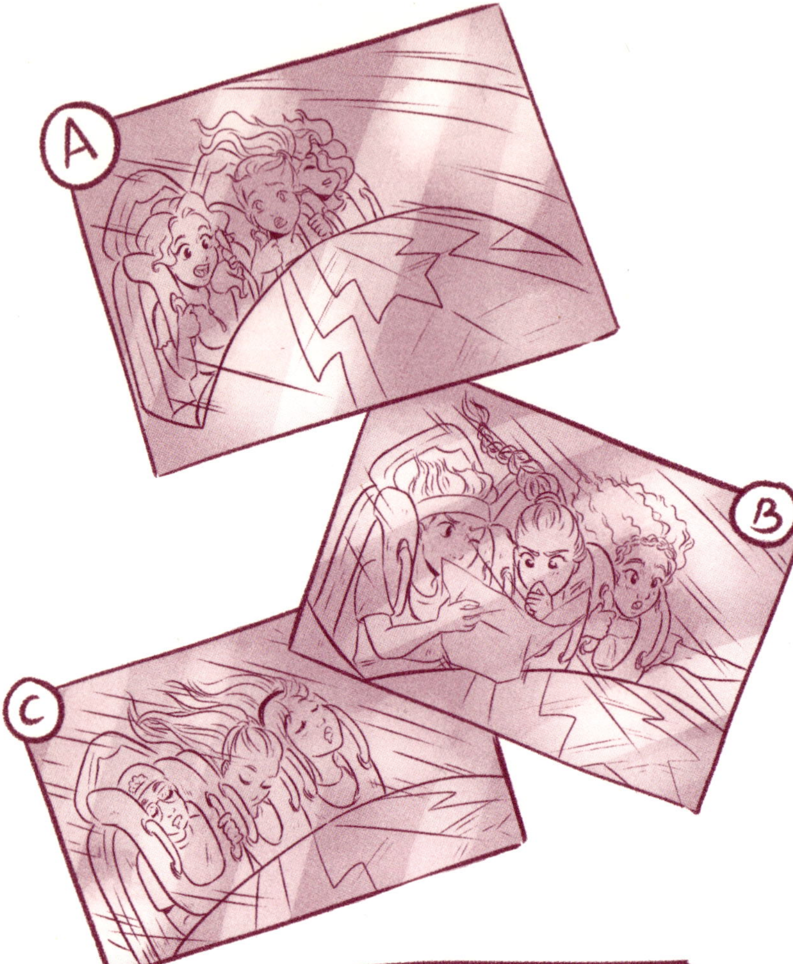

- ☐ EQUIPO A
- ☐ EQUIPO B
- ☐ EQUIPO C

CAPÍTULO 9

La Gran Montaña Rusa había sido una **PASADA**, pero no podíamos entretenernos. ¡Teníamos una ruta a seguir! Martín sacó el mapa y nos guió hacia la siguiente atracción: **LA SERPIENTE GIRATORIA.**

Nos dirigimos hacia allí medio corriendo medio caminando, aún comentando las fotos de la montaña y riéndonos de nuestras caras. Había sido una idea genial, lo de hacer poses. Bueno, y lo de **NO HACERLAS**, ¡también!

Llegamos a la entrada de la atracción pero, justo antes de entrar, noté como algo me **ABRAZABA LA BARRIGA** por detrás. Me giré de golpe, miré hacia abajo y me encontré con... **¡ERIKA!**

—Mamá no me ha dejado acabar la nube rosa —me dijo directamente, con cara de **INDIGNACIÓN**—. ¿Me das otra?

—¡Erika! No te separes de... Oh, **¡HOLA, CHICAS, HOLA, CHICOS!** ¿Cómo ha ido por la Montaña Rusa?

—Mi madre se acercó a nosotros, y detrás de ella llegaron mi padre, los padres de Ana y la abuela de Natasha.

—¡Ha sido superguay! —respondí.

Empezamos a hablar todos a la vez, explicando con gestos y ruidos las subidas y bajadas de la atracción. Les enseñamos las fotos y se **MORÍAN** de risa.

—Ahora nos toca subirnos a la **SERPIENTE GIRATORIA** —dije yo.

—Me parece que vais a salir **MAREADÍSIMOS** —me respondió mi padre, mirando la atracción con cara de **POCOS AMIGOS**.

¿Te cuento un **SECRETO**? ¡A mi padre no le gustan **TODAS LAS ATRACCIONES**! Le encantan las montañas rusas, pero algunas atracciones, como, por ejemplo, la lanzadera, no le gustan nada. Con mamá siempre lo estamos animando a que se suba con nosotras, pero no hay manera. Quién sabe, **¡QUIZÁ ESE ERA EL DÍA!**

—¿Puedo subirme yo? —preguntó Erika, estirando de la manga de mi madre.

—Pues no lo sé. **¿PUEDE?**

Nos acercamos a la entrada de la atracción, donde habían colocado un cartel en el que estaba marcada la **ALTURA MÍNIMA** de los que se podían subir.

Erika se acercó dando **SALTITOS** y se puso justo delante.

—¿Llego, llego? —nos preguntó, preocupada.

¡Llegaba por muy muy poquito! Pero la encargada de la atracción dijo que era más que suficiente y que podía subir con nosotros. Erika no podía dejar de aplaudir de la emoción, ni siquiera cuando le pusimos el cinturón.

La **SERPIENTE GIRATORIA** es de esas atracciones en las que te sientas en una cabina circular que gira sobre sí misma y, a la vez, **GIRA** alrededor del eje de la atracción. Mira, es algo así:

Lo guay de estas es que, al estar sentados en círculo, puedes ver las caras de tus amigos. Y como no va demasiado rápida ni sube ni baja demasiado, puedes arriesgarte a sacar el móvil y grabar o hacer fotos. ¡Pero con **MUCHO CUIDADO**!

Jorge ya tenía el teléfono en la mano, preparado para grabar.

—Toca la Serpiente Giratoria con una invitada especial: ¡Erika! ¡Saluda a la cámara!

Pero Erika estaba tan entusiasmada que apenas se dio cuenta de que la estaban grabando. Entonces me di cuenta: ¡era la **PRIMERA VEZ** que se subía a una atracción de **MAYORES**! Y estaba claro que no se parecía en nada a nuestro padre; se lo estaba pasando en grande.

La cabina empezó a dar vueltas muy lentamente, pero, de repente, empezó a coger velocidad y a los pocos segundos volvíamos a estar **GRITANDO** e intentando cogernos los unos a los otros de las **MANOS**. Todo giraba tan deprisa que la **FUERZA CENTRÍFUGA** (sí, esto nos lo explicó Martín al bajar de la atracción, le encanta explicar cosas, aunque ya las sepamos) hacía que nos **FLOTARAN LOS PIES Y LAS PIERNAS** en el aire. Y, por si fuera poco, de repente empezamos a **SUBIR Y A BAJAR**, como si estuviésemos metidos en una **SARTÉN** y alguien estuviese intentando darle la vuelta a un ***PANCAKE***. ¡Pues menos mal que esta era suavecita!

Dimos vueltas y más vueltas. ¡Ya empezaba a verlo todo **BORROSO**! Pero, por suerte, la atracción empezó a ir más despacio hasta que paró del todo. Erika puso **MORRITOS** a mi lado, como pidiendo otra vuelta más. Cuando pasaron a desabrocharnos el cinturón le soltó al trabajador del parque:

—No, no me lo quites, ¡quiero otra!

¡Menos mal que el pobre chico se lo tomó en broma! No veas lo que nos costó **CONVENCERLA** de que se bajara. Casi la tuvimos que sacar **A RASTRAS** entre todos. Sí, definitivamente no se parecía en nada a mi padre.

Y hablando de mi padre... Allí estaba, esperándonos con el resto de los adultos.

—¿Qué tal la primera experiencia de Erika en una atracción de las de verdad? —nos preguntó mi madre, riendo. Erika aún estaba cogida a mi camiseta y **ESTIRANDO** hacia la serpiente, y yo casi no podía ni caminar. No quería ni imaginarme lo que pasaría cuando pudiese montarse en las atracciones más fuertes. ¡Se quedaría a vivir **DENTRO**!

—¡Una más, porfa! —seguía diciendo.

—Oh, me parece que ha ido bien, ¿no? —dijo mi padre, que también se lo estaba pasando en grande a mi costa.

—Papá, ¡ayúdame, anda!

Cogió a mi hermana en **BRAZOS** y le dijo que no se preocupase, que cuando nos hubiésemos ido podía subir tantas veces como quisiera. Pero de repente Erika vio algo que hizo que abriese los ojos como si hubiese visto... bueno, como si hubiese visto exactamente lo que vio. La atracción más **ALTA Y MÁS BESTIAL** de todo el parque: **LA CAÍDA LIBRE.**

—¡Vamos allí! Papi, papi, ¡allí! —Ya se había olvidado totalmente de la Serpiente Giratoria. Mi padre se volvió con ella encima para ver lo que estaba señalando, y cuando se dio cuenta de a qué se refería Erika, se puso **BLANCO** de golpe.

—Allí no, Erika, allí no vamos. **VAMOS DONDE QUIERAS**, pero allí no —dijo, mirando a mi hermana con cara de terror. Pero Erika estaba convencidísima, y a mí se me estaba empezando a ocurrir una idea brutal. ¡Teníamos que hacer subir a mi padre a la Caída!

—¡Justo ahora íbamos hacia allí! ¿Verdad, Martín? —le pregunté a mi amigo con cara **INOCENTE**.

—Sí, es la siguiente atracción de la lista —dijo él sin sospechar nada. Pero Ana, que estaba justo a su lado, vio la cara de mi padre y entendió la broma enseguida.

—Creo que tenemos que animar a José Luis a que se suba con nosotros. ¡Así seremos diez en lugar de nueve y nadie se quedará sin pareja para subir! Es buena idea, **¿VERDAD?**

Yo ya estaba empezando a desternillarme de la risa.

—**¡BUENÍSIMA!** Papi, tienes que subirte conmigo, ¡que no queremos dejar a nadie solo! Vamos, vamos.

El resto de mis amigos y los demás adultos ya

habían empezado a **PILLAR** lo que tramábamos Ana y yo, y entre todos empujamos a mi padre hacia la atracción. El pobre ya había empezado a sudar como si hubiese corrido **VEINTE MARATONES**.

—¡Dani, **NO ME HAGAS ESTO**! ¡Ya sabes que me muero de miedo con estas cosas!

—Así aprendes a superar tus miedos, José, ya verás. **¡HAY QUE PROBARLO TODO!** —dijo mi madre, que también se lo estaba pasando en grande.

Llegamos a la puerta de la atracción y Erika saltó de los brazos de mi padre al suelo, superemocionada.

—Papi, papi, ¿puedo subir yo?

—No, tú no puedes subir. **¡Y YO TAMPOCO!**

—**VAAAA**, José Luis, ¡has de subir! —le decíamos todos, animándolo. Poco a poco lo fuimos acercando a la entrada de la atracción, entre gritos de ¡JO-SÉ-LUIS! ¡JO-SÉ-LUIS!

—Os prometo que, como me hagáis subir, **¡OS QUEDÁIS SIN POSTRE DURANTE UN AÑO!** —Pero ya estábamos entrando por la zona de los pases especiales, y los otros adultos empezaron a despedirse de nosotros mientras sacaban el móvil para grabarlo todo.

La chica que se encargaba de esa atracción nos hizo pasar hacia los asientos. ¿Alguna vez has visto alguna caída libre? Son todas muy parecidas: se planta en el suelo una columna **ALTÍSIMA**, y a su alrededor se instala un aro de **ASIENTOS** en los que se coloca la gente. El aro sube por la columna hasta arriba del todo y luego, de golpe, se suelta y cae en picado hacia el suelo, sin frenar hasta el **ÚLTIMO MOMENTO**. ¡Es brutal!

Pero lo que a mí me parecía superguay, a mi padre le parecía **EL FIN DEL MUNDO**.

—Dani, que sepas que estás castigada hasta... Hasta... **¡HASTA SIEMPRE!**

Yo no podía parar de reír. Nos sentamos en dos asientos desde los que veíamos a mi madre y a Erika, que lo estaban grabando absolutamente todo. Saqué el móvil y me puse a hacer un ***STORIES*** mientras nos acababan de abrochar el cinturón de seguridad.

—Papi, ¿dónde estamos? —dije riendo mientras lo apuntaba con la cámara.

—¡Dani, no hace gracia! Cuando nos bajemos te prometo que... **¡SE ESTÁ MOVIENDO! ¡DANI, QUE SE MUEVE!** Ay, me va a dar algo.

Me faltaba nada para empezar a **LLORAR** de la risa. La atracción se había puesto en marcha y estábamos empezando a subir muy poco a poco. Yo dejé de mirar a mi padre por un momento y eché un vistazo a lo que nos rodeaba. Si las vistas desde la Montaña

Rusa ya habían sido impresionantes, ¡estas eran **BRUTALES**! Pero eso solo podía significar que estábamos aún más arriba que antes.

Subimos y subimos hasta que llegamos al final de la columna, y la atracción **FRENÓ EN SECO**. Nos quedamos allí quietos, con los **PIES COLGANDO** a muchos muchos metros del suelo.

—¡Daniiiii! ¿Estáis vivoooos? —Esa era Ana, que me llamaba desde algún lado de la columna. A mi derecha, Polina y Jorge se habían sentado juntos, y miraban hacia el suelo gritando y riendo como locos, pero no veía a mi mejor amiga por ningún sitio.

—**¡MÁS O MENOS!** —grité yo, riéndome y mirando a mi padre.

—¡Dani, guarda el móvil, que aún se te va a caer! Ay, no puedo mirar, **¡NO PUEDO MIRAR!** —Mi padre estaba al borde de un ataque de nervios, ¡y aun así tenía tiempo de preocuparse por el móvil! Pero tenía razón. Guardé el teléfono bien seguro y me cogí **FUERTE** al **ARNÉS** que nos sujetaba para no caernos. Realmente impresionaba un montón. Y sin tener ni un edificio al lado... era como estar **SOLOS** en **MEDIO DEL AIRE**.

Pero justo cuando pensábamos que la cosa no se podía poner más emocionante, mi asiento y el de mi padre empezaron a **INCLINARSE HACIA DELANTE**, poniéndonos de cara al suelo. Era verdad, ¡se me había olvidado del todo! En algunas caídas libres, la atracción escoge dos asientos al azar y hace que los que están sentados en ellos queden mirando **DIRECTAMENTE HACIA ABAJO.** Y, cómo no, justo nos había ido a tocar a nosotros. ¡Qué suerte, **QUÉ GUAY**! Pero a mi padre no le pareció tan bien como a mí.

—Dani, Dani, ¿DANI, QUÉ ESTÁ PASANDO? —Mi padre empezó a mover los pies por el aire como si quisiese salir caminando de allí, y yo casi no podía **RESPIRAR** de la risa—. ¡QUE LO PONGAN RECTO OTRA VEZ , AHORA MISMO! AY, AY, AY, AY, ¡AY!

Y entonces, de golpe, caímos en picado.

CAPÍTULO 10

Era la cosa más divertida que me había pasado nunca. ¿Te acuerdas de la **SENSACIÓN** que te decía antes, la del estómago? Pues ahora la notaba **POR TODO EL CUERPO**. ¡Realmente era como estar volando! Y por si eso fuera poco tenía al lado a mi padre, que no podía parar de gritar. No sabía qué me estaba haciendo sonreír más, si **ÉL O LA ATRACCIÓN**.

—¡CASTIGADAAAAAA PARA SIEMPREEEEEEE! —le oía decir mientras nos acercábamos cada vez más al suelo.

Y entonces, cuando parecía que estábamos a punto de estrellarnos, frenamos **EN SECO**. Mi padre me miró con una cara que era la **MEZCLA PERFECTA** de pánico y **«MENOS MAL QUE YA ESTÁ»**. Pero justo entonces volvimos a subir por la columna, esta vez a mucha más velocidad.

—¿OTRA VEZ? ¿EN SERIO?

Subimos y bajamos tres o cuatro veces más, y cada vez que caíamos oía a mi padre prometer que no me iba a dejar salir de casa hasta que cumpliese **NOVENTA AÑOS**. Yo ya no podía más; ¡me dolía la cara de tanto reír!

Al final la atracción nos bajó hasta el suelo con un «FFFFSSSHHHHHH» y aterrizamos sobre la plataforma suavemente. Cuando estuvo segura de que ya no se movía **NI UN MILÍMETRO**, la chica que nos había atado los arneses se acercó a nosotros para ayudarnos a bajar.

—¿Qué tal ha ido?

Mi padre se levantó de la silla con las piernas hechas **GELATINA** y dijo algo así como «MBLE MBLE MMBLBLE» mientras iba como un **ZOMBI** hacia donde habíamos dejado a mi madre y a los demás. Lo recibieron como si hubiese vuelto de dar un **PASEO POR LA LUNA**, abrazándolo. Mi madre le dio un par de besos en la mejilla, riéndose.

—¿A que no ha sido para tanto? —Mi padre volvió a responder con un «MBLE BLE»—. Anda, vamos a comer, que eso te reanimará. ¿Y vosotros, chicos, chicas, nos acompañáis?

—¡Aún tenemos que subirnos en una última atracción antes de la pausa para la comida, Katia! Si no, no podremos completar el reto —le respondió Martín con cara seria.

Mi madre nos miró, se encogió de hombros y nos dijo:

—Está bien, ¡pero no tardéis demasiado! Esta vez sí que nos encontramos en la zona de restaurantes, ¿de acuerdo?

—¡Sííí! —respondimos a la vez, y dejamos otra vez a Erika con ellos antes de salir corriendo hacia la siguiente atracción: EL RÍO GRANDE.

Me encantan las atracciones de agua. Es como si alguien hubiese decidido **JUNTAR** una **MONTAÑA RUSA** con una **PISCINA**; ¡era una idea genial! Al principio parece una **LOCURA**, como comer galletas dulces con queso, pero de repente lo pruebas y **FLIPAS** con lo bueno que está. Pues esto era exactamente lo mismo. ¡Tenía muchísimas ganas de subirme!

Llegamos a la entrada y nos dijeron que teníamos que dividirnos en **DOS GRUPOS**. Va y resulta que las barcas que iban por los canales de agua eran solo para cuatro o cinco personas, así que nos juntamos primero Ana, Paula, María, Emma y yo, y luego Martín, Jorge, Polina y Lucía. Jorge y Polina se habían vuelto **INSEPARABLES**. Me moría de ganas de saber **QUÉ ESTABA PASANDO** entre esos dos.

—Vale, ¡a los barriles! —dijo Emma, bajando los escalones que te acercaban al «río».

¿BARRILES? ¿Cómo que barriles? Miré hacia donde Emma estaba yendo y vi, flotando en el agua, dos **BARRILES DE MADERA** enormes con asientos, esperando a que nos subiésemos en ellos.

—¿Nos tenemos que subir en ***ESO***? —dijo Paula, no muy convencida.

Realmente, no parecían **MUY SEGUROS**. No había ningún tipo de cinturón de seguridad, solo una especie de **«MESA»** en el centro del barril de la que podías cogerte para no caer al agua.

—Tengo una propuesta —dijo Emma con cara de **MALVADA**—. Como hay dos barriles, propongo... ¡Una carrera! A ver qué barril llega antes **AL FINAL DE LA ATRACCIÓN**. ¿Qué os parece?

Todos estuvimos de acuerdo enseguida. Nos dividimos y cada equipo se subió a su barril con cuidado de no caernos **POR LA BORDA**. Cuando estuvimos colocados y bien cogidos a la mesa, el maquinista de la atracción hizo sonar una bocina y los barriles se separaron de la plataforma, flotando hacia la primera bajada de la atracción.

—Chicas, ¡no es una mesa! —dijo Paula de golpe, refiriéndose al trozo de madera al que estábamos cogidas—. ¡Es un **VOLANTE**!

¡Era verdad! Entre todas giramos hacia la derecha para probar si funcionaba. Y sí, el barril giró, pero con **TANTA MALA SUERTE** que fuimos a **ESTRELLARNOS** contra la pared del río, salpicándonos de agua y **MOJÁNDONOS** de arriba abajo.

—Vale, vamos a probar otra vez, ¡pero ahora intentamos ir **HACIA DONDE TOCA**! —dijo Ana, y miró a su alrededor buscando el otro barril, que nos había **ADELANTADO** aprovechando el choque. Martín, Polina y Lucía nos dijeron adiós con la mano mientras Jorge aguantaba el móvil por encima de sus cabezas, grabándolo todo.

—¡El **EQUIPO UNO** adelanta al **EQUIPO DOS** por la derecha, esto se pone interesante! —iba diciendo mientras los demás reían y dirigían el barril hacia... Un momento, **¿QUÉ ERA ESO?**

—¡Jorge, **VIGILA**! —gritó Lucía, pero ya era demasiado tarde. El barril había ido directo a la segunda bajada de la atracción, **LOS RÁPIDOS**, y de repente se inclinó hacia un lado, haciendo que todo el equipo cayese hacia la derecha. Y, cómo no, **EL MÓVIL DE JORGE** salió disparado y **DIRECTO AL AGUA.**

—**¡NOOO!** —Lo oímos gritar mientras desaparecían en la siguiente curva.

Pobre Jorge, ¡ya era mala suerte! Es bastante **PELIGROSO** sacar los móviles en las atracciones, pero... Y entonces me acordé. ¡Era él el que había estado **GRABANDO** durante todo el día! Sin su móvil tampoco podríamos hacer el vídeo del reto. ¡Qué **DESASTRE**!

Pero, de repente, Emma se levantó un poco del asiento y señaló un **PUNTO EN EL AGUA**, justo delante de nosotros.

—**¡LO VEO!** ¡Girad a la izquierda!

¡El móvil de Jorge! Estaba flotando en mitad del río, menos mal que había comprado una funda especial flotante para su móvil. Si nos **ACERCÁBAMOS** lo suficiente, ¡quizá podíamos llegar a cogerlo!

—¡Se está yendo hacia los rápidos, hay que darse prisa! —Lucía tenía razón; si no lo cogíamos **ANTES** de que cayese por la bajada, **NO HABRÍA MANERA** de recuperarlo.

Giramos hacia la izquierda y nos acercamos al teléfono, inclinándonos hacia delante para hacer que el barril se dirigiese hacia donde queríamos ir un poco más rápido.

—**¡CASI LLEGO!** —dijo Emma, alargando un brazo.

—¡Cuidado, Emma, que te caes!

Menos mal que la cogimos de las piernas. Si no, ¡se habría ido directa al agua! Pero conseguimos aguantarla y estirar para que volviese a sentarse dentro del barril sin haberse mojado **NI UN SOLO PELO.**

—¿Lo tienes? —preguntó Lucía.

Y Emma levantó la mano con aire triunfante, enseñándonos el móvil mojado. **¡LO HABÍAMOS CONSEGUIDO!**

El barril avanzó por los rápidos y giró un par de veces hasta llegar otra vez al punto del que habíamos salido. El otro equipo ya nos estaba esperando en la plataforma; Jorge se había puesto a hablar con la maquinista y los demás lo miraban, preocupados.

Cuando nuestro barril estuvo lo suficientemente cerca, saltamos fuera y corrimos hacia nuestros amigos.

—¡**PORFA**, déjanos dar una vuelta más! ¡Debe de seguir flotando por ahí!

—Lo siento, pero tenéis que **SALIR Y VOLVER A ENTRAR.** Ya hay otro grupo esperando para subir —le decía la trabajadora. Jorge estaba a punto de responder cuando Polina nos vio llegar con el móvil en la mano.

—Jorge, ¡mira!

Jorge se volvió y, cuando vio el móvil, **TE PROMETO**

que estuvo a punto de soltar lágrimas de alegría. Se acercó hacia nosotros y cogió el teléfono de la mano de Emma como si fuese lo más bonito que había visto **EN SU VIDA**. Pero cuando apretó el botón de inicio, la pantalla siguió negra.

—Creo que se ha roto —dijo, desanimado. Apretó un par de veces más y le dio **GOLPECITOS** a la pantalla como para reanimarla, pero no hubo manera. ¡Con lo **ÉPICO** que había sido el rescate! Pero parecía que no había servido para nada.

—Un momento —dijo Polina, cogiendo el teléfono de la mano de Jorge. Se lo puso **CERCA DE LA OREJA**, lo movió un poco y, después de un par de segundos, dijo:

—Creo que sé cómo arreglarlo. Martín, ¿dónde está la **ZONA DE RESTAURANTES**?

¿**AHORA** quería irse a **COMER**? A ver, era verdad que yo empezaba a tener un poco de hambre, porque no habíamos comido nada desde el desayuno, pero ¿qué tenía eso que ver con el **MÓVIL DE JORGE**?

Polina no esperó ni a que Martín le diera el mapa. Lo cogió y, una vez tuvo claro hacia dónde ir, salió **DISPARADA** en esa dirección. Los demás nos miramos entre nosotros sin entender nada, pero Emma se encogió de hombros y, menos de un segundo después, seguimos a Polina sin decir ni media palabra más.

CAPÍTULO 11

Llegamos a la zona de restaurantes en menos de cinco minutos. Mis padres, Erika y los demás adultos ya estaban sentados a una mesa de **PICNIC**, esperando a que les trajeran la comida que habían pedido en uno de los puestos.

—¡Dani, Ana, estamos aquí! **¡EO!** —nos llamó mi madre. Pero solo pudimos mirarla y hacer gestos raros con la mano. ¡No podíamos perder a Polina!

Ella seguía corriendo con el móvil de Jorge, y ahora se había parado en mitad de la plaza como si estuviese **BUSCANDO ALGO** muy concreto. De repente se acercó al puesto de **COMIDA INDIA**, se saltó toda la cola y llamó a una chica que parecía estar cocinando algo muy muy rico. Pero **¿QUÉ MOSCA LE HABÍA PICADO** a Polina?

—¡Hola! ¿Tenéis **ARROZ**? —le preguntó a la chica con decisión. Ella la miró, un poco confundida, pero se acercó al mostrador.

—Sí, claro. Tenemos arroz al **CURRI**, al coco,

arroz ***CHITRANNA***, arroz con pollo ***TIKKA MASALA***...

—No, solo quiero el arroz —interrumpió Polina.

—¿Solo el arroz? Bueno, es un poco **SOSO**... ¿Seguro que no lo quieres con ningún tipo de salsa...?

—No, quiero decir, ¡un tarro lleno de arroz **CRUDO**!

Ahora **TODOS** estábamos confundidos. ¿Un vaso de arroz crudo? Pero entonces me acordé de un **TRUCO** que había leído en internet hacía tiempo. Si algún día se te cae el móvil al agua o se te moja sin querer, has de **APAGARLO RÁPIDAMENTE** y luego **ENTERRARLO EN ARROZ**. Ya sé que suena **RARO**, pero tiene mucho sentido: el arroz **ABSORBE EL AGUA** y la humedad del móvil, secando bien los circuitos e impidiendo que se estropeen. ¡Funciona de maravilla!

Polina le enseñó el móvil **EMPAPADO** a la cocinera y ella lo entendió enseguida. Seguro que a ella también se le había mojado el móvil alguna vez. Se giró hacia la cocina, cogió un tarro enorme y lo llenó hasta arriba de arroz **BASMATI**, que es un tipo de arroz un poco más fino de lo normal. ¡Huele de maravilla! Le pasó el vaso a Polina y ella, rápidamente, metió el **MÓVIL DENTRO** sin dejar ni una esquina fuera. Jorge la miraba como **HIPNOTIZADO**, sin saber qué hacer. Ella lo miró sonriendo, un poco tímida.

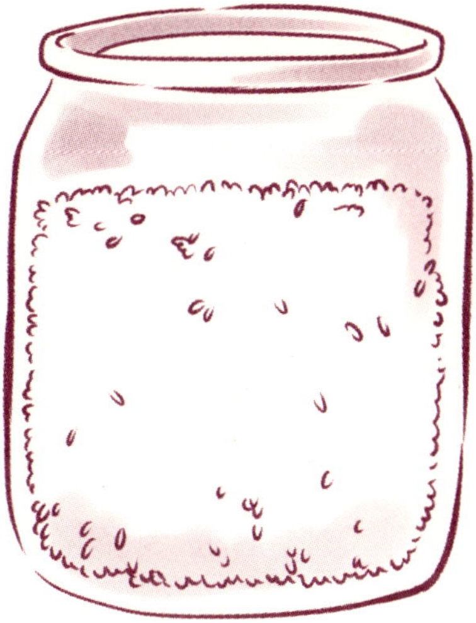

—Así se secará. Hay que dejarlo un poco... —Pero Jorge no dejó ni que acabara la frase: **LA ABRAZÓ** como si le hubiese **SALVADO LA VIDA.**

—¡Muchas gracias, eres **GENIAL**! —le dijo cuando se separaron. Polina no fue capaz ni de responder. Se había puesto roja hasta las orejas y no podía dejar de mirar el pote de arroz que tenía en las manos. ¡Estaba en estado de ***SHOCK* TOTAL**! Ana y yo nos miramos y reímos por lo bajo. ¿Cómo podían ser **TAN MONOS**?

Fuimos con el vaso hacia la mesa de nuestros padres. Ellos ya estaban comiendo; se habían pedido unas **HAMBURGUESAS** que tenían pinta de estar

BUENÍSIMAS. Entonces me acordé de mi Instastories de la Montaña Rusa. ¡Qué despiste, se me había **OLVIDADO POR COMPLETO**!

—Chicos, chicas, ¡hay que ver qué foto ha sido la **MÁS VOTADA**! —dije, sacando el móvil.

—¿El qué? ¿Qué foto? —dijo Lucía con la cámara en ristre.

—¿No os acordáis? Antes he colgado las fotos de la Montaña Rusa para que la gente votase la **GANADORA**. ¡Habíamos dicho que el grupo que tuviese más votos **ESCOGÍA LA COMIDA**!

—¡Que sea la nuestra! Quiero una hamburguesa con triple de queso y doble de bacon —dijo Emma, casi **SALIVANDO**.

Abrí Instagram y miré las votaciones. La número tres era la que tenía más votos, aunque había ganado por poco. Y era la foto de...

¡Jorge, Polina y Lucía! Menos mal; el pobre Jorge lo había pasado fatal con lo del teléfono, así que me alegraba de que por lo menos pudiese escoger qué íbamos a comer.

—Jorge, Polina, Lucía, ¡os toca escoger! —dije, muy contenta de que les hubiese tocado—. ¿Qué os **APETECE**?

Dimos un par de vueltas por los **PUESTECITOS** y

A
B
C
EQUIPO A 20%
EQUIPO B 30%
EQUIPO C 50%

al final se decidieron por el de **PERRITOS CALIENTES**. ¡Me encantan! Puedes ponerles mil cosas por encima: kétchup, mostaza, cebolla crujiente... Yo me pedí uno con todos los ***TOPPINGS*** que había para elegir. ¡Estaba buenísimo!

Nos estábamos acercando otra vez hacia la mesa de los mayores cuando Paula señaló algo que había visto.

—¡Qué peluche de tortuga más mono! ¿Lo veis? ¡Allí!

Va y resulta que justo al lado de la zona de restaurantes había un montón de **PUESTOS DE FERIA**. Eran como **PEQUEÑAS CASITAS** donde podías ganar peluches, juegos, ¡y hasta **TELES**!

—¿Podemos ir? ¡Porfa! —dijo sin apartar los ojos de la tortuga de pelo.

—Mmmh... No sé si nos da tiempo... —dijo Martín mirando el mapa con cara de preocupación.

—Va, Martín, seguro que luego podemos **CORRER UN POCO MÁS** para llegar al resto de las atracciones. Además, hemos de **ESPERAR** a que se seque el móvil de Jorge, ¿no? Así aprovechamos el rato —dijo Ana, que también había visto los peluches y no podía dejar de mirarlos. ¡La verdad era que los unicornios eran monísimos!

Dejamos el pote de arroz con el móvil enterrado en la mesa de mis padres, que **PREFIRIERON NO PREGUNTAR**, y fuimos hacia las paradas con los perritos calientes aún en la mano.

Paula, Jorge y Ana fueron **DIRECTOS** a los peluches, que resultó ser un juego de **APUNTAR Y DISPARAR** con una especie de **PISTOLAS DE AGUA DE COLORES**. Si acertabas en unas dianas, podías ganar uno de los premios. Parecía muy guay, pero de camino hacia allí vimos un puestecito que nos llamó aún más la **ATENCIÓN**; era un sitio donde te **PINTABAN LA CARA DEL ANIMAL QUE QUISIERAS**.

—¡Qué guay! —dijo Lucía, que se acercó a mirar los diseños de ejemplo que tenían en una mesa.

Había mariposas, tigres... ¡hasta uno que parecía un **ERIZO**!

En ese momento me acordé de mi Erizo, se llama Luna y es la ericita más mona que te puedas imaginar. Como no podía viajar con ella a España tuve que dejarla en Rusia. Menos mal que a todos mis amigos les encanta Luna y estuvieron encantadas de cuidarla mientras yo no estuviera.

—¡Ese es monísimo! —dije yo, señalándolo—. ¿Nos hacemos uno cada una?

Y sin pensarlo dos veces nos sentamos en el taburete y dejamos que nos **MAQUILLASEN** como si de golpe fuese **CARNAVAL**. Lucía se hizo un diseño superchulo, que era como una mezcla de mariposa y, no sé, **REINA DEL BOSQUE**. Polina, que nos había visto y se había querido hacer uno ella también, había escogido uno con **ESTRELLAS** que hacía que su cara pareciese una **GALAXIA**. ¡Molaba muchísimo! Cuando terminamos nos hicimos un montón de fotos. ¡Estábamos geniales!

Cuando tuvimos suficientes fotos como para llenar un **ÁLBUM ENTERO** nos pusimos a buscar a nuestros amigos. Martín, Emma y María se habían parado en un puesto donde podías... **¿PESCAR PATOS DE GOMA?**

—Cada pato tiene un número —explicó Martín—. Y si consigues uno, te llevas el premio que tenga

la misma cifra... Pero ¿qué os habéis hecho en la **CARA**?

Emma y María nos hicieron un montón de *stories* con sus móviles. Con las caras pintadas así, ¡no hace falta ponerse ningún **FILTRO**! Estuvimos haciendo un rato el tonto hasta que aparecieron Jorge, Ana y Paula. Bueno, más bien Jorge, Ana, Paula... ¡Y una **TORTUGA DE PELUCHE GIGANTE**!

—¡Hala, qué pasada! ¿Cómo la habéis conseguido? —preguntó Emma.

—Paula tiene una puntería increíble —dijo Jorge,

que había vuelto del puestecito con las manos vacías, igual que Ana.

—Ha sido **GENIAL** —dijo mi mejor amiga—. Tenía otra diana mucho más cerca y pensábamos que iba a disparar a esa, pero de repente, **¡PAM!** Y... Un momento. Dani, ¿eres un **ERIZO**?

Nos reímos de mi maquillaje y empezamos a volver hacia la zona de restaurantes. Quizá, si nos daba tiempo, podíamos comprar algo de postre, o...

Pero, de repente, Martín **PARÓ EN SECO** y extendió los brazos como si fuese una **BARRERA.** ¿Y ahora qué estaba pasando?

Pero en lugar de decir nada, nuestro amigo empezó a caminar hacia la caseta más grande de la zona de recreativos. ¿Cómo no la habíamos visto antes? Un poco más allá, justo al lado de donde Paula había ganado la tortuga, estaban... **LOS AUTOS DE CHOQUE.**

—¡Me pido el coche azul! —gritó Emma, corriendo hacia allí, y los demás la seguimos sin pestañear.

Los autos de choque son una **PASADA**. ¡Es como si te dejaran **CONDUCIR** antes de tener dieciocho años! Ana y yo saltamos encima del coche **ROSA PURPURINA**, y los demás escogieron cada uno el suyo. Paula se subió en el coche verde esmeralda, sentó a su nueva tortuga a su lado y le puso el **CINTURÓN**. ¡Estaba graciosísima!

—¿Sabéis qué es lo más divertido de los autos de choque? —dijo Ana. Todos la miraron desde sus coches, esperando—. ¡Jugar al **PILLA-PILLA**! Martín, ¡la paras!

Y entonces sonó la bocina, los coches se pusieron en marcha y nos volvimos todos **LOCOS**. Martín nos perseguía con su coche, intentando pillarnos, y el resto nos **ESCAPÁBAMOS** como podíamos, dándonos golpes con todo. Ana dio un **VOLANTAZO** y nos estrellamos contra María, que aún estaba intentando averiguar cómo se hacía para dar **MARCHA ATRÁS**. No podíamos parar de reír, y de repente Martín salió de la nada y se tiró contra nosotras, y luego llegó Jorge, y luego Lucía, y luego Paula, y no había manera de salir de allí.

—Vaya manera más rara de jugar al pilla-pilla que tenéis en España —dijo Polina desde su coche blanco. Nosotros **LLORÁBAMOS** de la risa. Estuvimos atascados hasta que volvió a sonar la bocina y tuvimos que bajar de los coches. ¡Había sido **BRUTAL**!

—Bien, ¡ahora sí que podemos volver! —dijo Martín, satisfecho.

Volvimos a caminar hacia la zona de restaurantes. Mis padres y los demás seguían en la misma mesa de pícnic, acabando de comer. Erika había conseguido que le compraran un helado de fresa. ¡Ya te he dicho que es muy muy espabilada!

—Chicas, chicos, ¡no os dejéis vuestro pote de arroz! —dijo el padre de Ana señalando el vaso de Coca Cola.

Era verdad, ¿habría **FUNCIONADO** el truco de Polina? Jorge cogió el pote y rebuscó entre el arroz con los dedos. Sacó el teléfono, cogió aire y, cerrando los ojos como pidiendo un **MILAGRO**, apretó el botón. Todos aguantamos la respiración. Esperamos un par de segundos, y...

¡PING! ¡Había funcionado!

CAPÍTULO 12

Seguimos con nuestra ruta. Cada vez quedaban menos atracciones, pero el **NIVEL DE DIVERSIÓN** no bajó ni un momento. Seguimos paseando por todo el parque, hablando y riendo, haciendo vídeos y fotos y gastándonos bromas. Subimos al **PÉNDULO**, una atracción que simplemente va de un lado al otro, como... bueno, **ESO**, como un péndulo. En esta te tenías que colocar en una de las puntas para notar al máximo la sensación de la caída. Y un consejo: si algún día te encuentras con este tipo de atracción, **PEGA UN SALTO** justo en el momento en que el péndulo caiga hacia el otro lado. Durante unos segundos parecerá que **FLOTAS** de verdad, ¡como si estuvieses **EN EL ESPACIO**! ¡Es superraro!

Luego llegamos al **TIRACHINAS**, que es una atracción que en Rusia está súper de moda y la tienen en todos los parques, pero que en España no es tan común. Y es una pena, porque es muy **MUY GUAY**. Lo único malo es que solo se pueden subir **DOS PERSO-**

NAS a la vez. Sí, como lo oyes; hay solo dos asientos fijados en una especie de **BOLA DE METAL** que sale disparada, como si fuese la **PIEDRA DE UN TIRACHI-NAS** (¡por eso se llama así!). Pero tranqui, la bola está atada a dos gomas que hacen que después todo pueda volver a su sitio.

El problema era que no podíamos estar allí tanto rato; ¡tardaríamos demasiado si hacíamos **TURNOS**!

—Creo que no nos da tiempo de subir a todos... —dijo Martín, diciendo lo que yo pensaba—. ¿Queréis hacerlo a **SUERTES**?

—Pero eso es injusto, ¡todos queremos subir! —dijo Paula, que seguía con la tortuga de peluche en brazos.

—Sí, pero también queremos completar el reto y llegar a la Casa del Terror antes de que cierre el parque, ¿verdad? —respondió Ana—. A veces **NO SE PUEDE TENER TODO**.

Todos estuvimos de acuerdo en que hacerlo a suertes era la **MEJOR OPCIÓN**. Saqué mi móvil y, con un **APLICACIÓN** que se usa para seleccionar ganadores de **SORTEOS** en Instagram, elegimos a los que se iban a subir en el Tirachinas. Las ganadoras fueron Emma y Lucía. ¡Qué suerte, qué envidia! Pero bueno, así podríamos hacerles un **BUEN VÍDEO** del momento en que la atracción las hiciese volar por los aires. Sería brutal si, además, grabábamos a **CÁMARA LENTA**.

Se subieron y nosotros nos acercamos a ellas todo lo que pudimos. Apunté y enfoqué bien, con cuidado de no perdérmelo, y justo cuando parecía que la atracción no iba a empezar jamás... ¡SNAP! La bola se soltó del suelo y nuestras amigas salieron **CATAPULTADAS** hacia arriba. ¡Qué pasada! Y lo mejor de todo era

CLANK
...
!!

que tenía la reacción grabada a la perfección. Cuando bajaron aún tenían pinta de estar por los aires. Miramos el vídeo y... ¡no podía haber salido mejor!

—Vale, ¿ahora qué toca? —dijo Emma mientras publicaba el vídeo en sus *stories*.

Martín sacó el mapa y nos pusimos a su lado, mirando la ruta. Habíamos tachado los sitios a los que ya nos habíamos subido, y cuando lo vimos nos dimos cuenta de que... ¡ya solo quedaba **UNA ÚLTIMA ATRACCIÓN** antes de la Casa del Terror! Era increíble, ¡lo habíamos conseguido! *¡YIPPEE!*

—Solo queda una atracción —dijo Martín, **CONTENTÍSIMO** de que su plan hubiese funcionado a la perfección—. **LAS TACITAS.**

—¿Las ***QUÉ***? —preguntó Emma, un poco decepcionada—. Eso suena bastante **ABURRIDO**.

—Es una atracción bastante **INOFENSIVA**, sí —confirmó Martín—. Pero así nos podremos relajar antes de entrar a la Casa del Terror y entraremos allí más preparados. ¿No os parece?

Tenía razón; más nos valía estar tranquilos antes de meternos en esa casa encantada. Fuimos hacia las Tacitas sin correr demasiado, y cuando llegamos vimos que no había **NADA DE COLA.**

—Es tan aburrida que no nos hacen falta ni los

pases especiales. ¡Aquí no quiere venir **NADIE**! —dijo Jorge, que ahora que tenía el móvil otra vez volvía a grabar todo lo que se le ponía por delante.

—Seguro que encontramos alguna manera de hacer que sea divertido. Es nuestra **ESPECIALIDAD**, ¿no? —dijo Ana, y sin pensarlo dos veces entró en la atracción.

Nos tuvimos que volver a dividir en dos, porque las tacitas no eran demasiado grandes. Jorge, Paula, María y yo nos sentamos en una, y Martín, Polina, Lucía, Ana y Emma se metieron en otra. Y tú, ¿te has montado en las tacitas alguna vez? No tiene ni subidas ni bajadas fuertes ni te lanzan hacia ningún lado ni nada de eso. Son **TAZAS ENORMES** que dan **VUELTAS** sobre sí mismas y alrededor del centro de la atracción, como si estuviesen **BAILANDO**. Tú, simplemente, tienes que sentarte dentro de una y notar cómo gira, intentando no marearte demasiado. Sí, ya sé que no suena **SUPEREMOCIONANTE**, pero el reto era subirse en todas las atracciones, y cuando dijimos todas, ¡eran **TODAS**!

Nos colocamos y esperamos a que la atracción empezase a girar. Entonces Paula, que había dejado su tortuga de peluche a su lado, se fijó en el **VOLANTE** que había en el centro de la taza.

—Oh, es como la «mesa» de la atracción de agua, ¿verdad? ¿Creéis que hará girar la taza **MÁS RÁPIDO**?

—Ahora lo veremos —dijo Jorge.

La atracción arrancó, y entonces él cogió el volante y empezó a darle vueltas. Al principio le costó un poco, pero cuando Paula y yo nos pusimos a ayudarle, la cosa empezó a ganar **VELOCIDAD** y a ponerse interesante.

—**EY**, ¿cómo lo hacéis para ir tan rápido? —gritó Emma desde la otra taza.

—¡Hay que hacer girar el volante! —le gritamos nosotros, y un par de segundos después estábamos los dos grupos dando vueltas a la **VELOCIDAD DE LA LUZ**. Pues, ahora que habíamos descubierto ese truco, ¡las tacitas tampoco estaban **TAN MAL**!

—Chicos, chicos, creo que me estoy... —dijo María, que se había empezado a poner un **POCO VERDE**. Ay, ay, ¿se estaba **MAREANDO**? —¿No podemos ir un poco más despacio?

—¿Sabéis cómo frenar esto? —dijo Paula con cara de preocupada.

—¿No hay una palanca o algo? —dije yo, que veía cómo mi prima había empezado a sudar un poco. Pero no le estaba pasando solo a María; yo misma empezaba a notar como si el **CEREBRO** me estuviese **DANDO VUELTAS** dentro del cráneo.

—No... BLERGH, ¡no sé cómo pararla! —dijo Jorge, llevándose una mano a la boca. ¡A él también le estaba pasando!

Pero no había manera de ir más despacio. La tacita no paró de girar hasta que se acabó nuestro turno en la atracción. Intentamos aguantar como pudimos, pero en cuanto notamos que iba lo suficientemente lento como para podernos bajar, no esperamos **NI UN SEGUNDO MÁS**. Salimos de la tacita **MEDIO DE LADO**, apoyándonos los unos en los otros.

—Menos mal que era la atracción **SUAVE**... —Oímos decir a Ana. Miramos hacia el resto de nuestros amigos y vimos que ellos estaban exactamente igual que nosotros, ¡o peor!

—Ni laberintos, ni tacitas. Nunca, **NUNCA MÁS** —decía Emma, que también estaba blanca como el papel.

Nos sentamos en unos bancos que había justo delante de la atracción para recuperarnos.

¿Cómo era posible que después de la Caída Libre, la Montaña Rusa y el Tirachinas nos hubiésemos mareado tanto en un sitio donde se podía subir **ERIKA**?

—Derrotados por unas tacitas... —dijo Jorge a la cámara, grabando nuestras caras de **MAREO EXTRE-**

MO. Era como si nos hubiésemos subido a un coche y nos hubiésemos metido en la carretera con más **CURVAS** del mundo. Yo necesitaba un rato para reponerme; ¡me habían dejado hecha **PAPILLA**!

Pero de repente empezamos a oír **MÚSICA**. No el hilo musical que había sonado durante todo el día por los **ALTAVOCES**; ese no. Este parecía estar mucho más cerca, y sonaba mucho más fuerte. Se oían tambores, flautas, trompetas... ¿de dónde salía?

—¿Eso es una **BANDA**? —dijo Paula señalando hacia la izquierda.

De la esquina empezaron a salir **DECENAS** de músicos vestidos de **MILES DE COLORES**, tocando y bailando a la vez. ¡Qué guay! No sabía que el parque tenía una orquesta tan grande.

—Creo que dan una vuelta por el parque cada tres o cuatro horas —dijo Martín, siempre tan **INFORMADO** de todo.

Pero lo mejor era que, detrás de los músicos, había un montón de **BAILARINES Y BAILARINAS**, **SALTIMBANQUIS Y ACRÓBATAS**, bailando y haciendo equilibrios al ritmo de la música. ¡Hasta había un hombre que **ESCUPÍA FUEGO** por la boca! Era como si de repente se hubiese colado un **CIRCO** en el parque. ¡Era superchulo! Casi me daban ganas de salir y **PONERME**

A BAILAR con ellos; seguro que, si no hubiese estado mareada como un pato, lo habría hecho.

—¡Vaya espectáculo! —dijo Emma, que de repente tenía en la mano un pote de **PALOMITAS DULCES DE COLORES** y se las estaba comiendo a **PUÑADOS**.

—Pero ¿de dónde has sacado eso? ¿Y cómo puedes comer después de haber salido de las tacitas? Yo tengo el estómago **SUPERREVUELTO** —le dijo Lucía, que aún no se había **RECUPERADO** de las vueltas.

—No se puede disfrutar de un espectáculo **SIN PALOMITAS**. ¡Están buenísimas! ¿Quieres?

Lucía puso cara de que iba a vomitar hasta su **PRIMERA PAPILLA** y dijo que no con la cabeza. Yo ya estaba un poco mejor; el espectáculo me había distraído bastante y me estaba recuperando más rápido de lo que... Un momento. ¿No nos estábamos **DISTRAYENDO** demasiado?

—Chicos, **¿QUÉ HORA ES?** —dije en voz alta. Todos me miraron y automáticamente sacaron el móvil. Martín se levantó del banco de un salto.

—Son casi las **SIETE DE LA TARDE**, ¡no llegamos! ¡Hay que darse prisa!

Y sin casi darnos tiempo ni de recuperarnos de las Tacitas, corrimos hacia la Casa del Terror.

CAPÍTULO 13

Llegamos a la puerta de la casa **SUDANDO** como si estuviésemos en **PLENO AGOSTO**. Pasamos la cola y cruzamos la barrera casi sin parar ni a respirar, y no frenamos hasta que prácticamente nos dimos de morros con la puerta de la casa. ¡Ya estábamos allí, **POR FIN**!

—**¿PREPARADOS?** —dijo Emma, otra vez con su voz de capitana de equipo.

Cogimos aire y, cuando estuvimos listos, entramos al recibidor **TEMBLANDO DE LA EMOCIÓN**.

Pero justo cuando pensábamos que lo único que nos quedaba por hacer era cruzar la casa (¡COMO SI FUERA POCO!), el **HOMBRE DE LA CAPA NEGRA** salió de la nada y se puso delante de nosotros, cortándonos el paso. Nos pegamos un **SUSTO DE MUERTE**.

—¿OTRA VEZ POR AQUÍ? —nos dijo con la misma voz grave y oscura del principio—. ¿Adónde vais tan deprisa?

Nos quedamos todos inmóviles, pero Martín dio

un paso hacia delante y lo miró sin pestañear, como si fuese una persona cualquiera.

—Ya nos hemos subido a todas las atracciones. Hemos **COMPLETADO NUESTRO OBJETIVO**, ¡así que nos has de dejar pasar! —dijo con seguridad.

—Oh, ya veo —respondió el otro desde debajo del sombrero—. Entonces, ¿habéis resuelto el **ACERTIJO**?

Nos quedamos todos callados y nos miramos con cara de, **«OH, NO, YA LA HEMOS LIADO OTRA VEZ»**. Se nos había olvidado **POR COMPLETO** que teníamos que contestar la pregunta que nos había hecho Miguel por la mañana. ¡Desastre total! Teníamos que pensar en algo, **¡Y RÁPIDO!**

—Um... ¿volvemos a tener **TRES OPORTUNIDADES**, verdad? —dije yo.

—Tres oportunidades, pero ni una más —respondió la figura.

Vale, parecía que si no acertábamos esa vez, no lo podríamos volver a intentar. No podíamos volver a contestar al **TUNTÚN**; si queríamos descubrir cuál era la atracción secreta, ¡no nos podíamos equivocar!

—¿Y bien? —nos preguntó otra vez.

—¿Nos das un **MOMENTO**? —dijo Emma empujándonos a todos hacia un lado para que hiciésemos **CORRILLO**.

Juntamos bien las cabezas para que el hombre de negro no pudiese escuchar lo que decíamos.

—¡Vaya **LIADA**! ¿Y ahora qué hacemos? ¿Ha pensado alguien en la pregunta? —dijo Ana, que había entrado un poco en **PÁNICO**.

—¿Cuál era la pregunta, exactamente? —respondió Jorge.

—Jorge, ¡así no nos ayudas! La pregunta es: **¿QUÉ ES LO MÁS IMPORTANTE DE UN PARQUE DE ATRACCIONES?** —repitió Martín, perdiendo un poco la paciencia.

—¡Puede ser cualquier cosa! Aunque sabemos que no son las atracciones ni la comida ni saltarse las colas, así que... —reflexionó Lucía.

—¿Y si no es **UNA SOLA COSA**? —dije yo de golpe—. ¿Quiero decir, y si es algo más que eso? Que sea seguro, por ejemplo.

—Bueno, si es algo así... entonces **ESTÁ CLARO** —respondió Jorge. Todos nos volvimos hacia él, impresionados, esperando a que nos explicase a qué se refería.

—Lo más importante de un parque de atracciones es **QUE SEA DIVERTIDO** —nos lo dijo como si nos estuviese explicando que dos más dos eran cuatro.

Claro, ¡tenía que ser eso! ¡Jorge era un genio! Nos volvimos hacia el hombre de negro, que seguía esperando en el mismo sitio donde lo habíamos dejado, y nos acercamos a él.

—**¡YA LO TENEMOS!** —dijo Emma—. Lo más importante de un parque de atracciones es que sea divertido. ¡JA! Ahora nos has de dejar...

—Respuesta incorrecta —interrumpió la figura—. Os quedan **DOS OPORTUNIDADES**.

¿CÓMO? ¡Era imposible! Estaba claro que tenía que ser eso. ¿Qué otra cosa era más importante que que fuese lo más **DIVERTIDO** posible? Nos miramos entre nosotros, pensando. Las caras de mis amigos eran todas **UN CUADRO**; ¡nadie se esperaba que esa no fuese la respuesta! Martín había empezado a **RASCARSE LA BARBILLA** otra vez, como hace siempre que tiene que resolver un problema de mates muy difícil, y Paula estaba apretando la cabeza de su nueva tortuga de peluche como si fuese a sacar alguna idea de allí. Casi me reía con solo **MIRARLOS**. Pero, un momento, ¿se puede saber en qué estaba **PENSANDO**? ¡Ese no era momento de ponerse a hacer bromas! Teníamos que conseguir resolver el acertijo. ¿Qué era lo más importante que...?

Y entonces se me **OCURRIÓ**. Claro, ¿cómo no lo había entendido antes? ¿Era posible que hubiésemos tenido la respuesta delante de las narices ***TODO EL RATO***?

—Chicos, chicas, creo que **YA LO TENGO** —dije. La figura de negro me miró, volviendo un poco la cabeza—. Es verdad que un parque de atracciones ha de ser divertido. Pero lo que hace que sea divertido no son las **ATRACCIONES** más rápidas ni la **COMIDA** de colores ni los **PASES** con los que puedes saltarte la cola. —Parecía que no lo entendían, así que continué—. **¿NO LO VEIS?** ¡Es lo de siempre! ¿Qué es lo que hace que **CUALQUIER COSA** sea divertida? Ir al súper, ir a un parque de atracciones... ¡hasta ir a clase! —Estaba clarísimo, ¿cómo no lo había visto antes? Los miré uno a uno y sonreí—. Los **AMIGOS**. Eso es lo más importante de un parque de atracciones, y de cualquier otra cosa: **LA GENTE CON LA QUE LO DISFRUTAS**.

Me quedé callada un momento, **ESPERANDO** a que la figura de negro dijese algo. Oh, no, ¿y si me había equivocado? No, no podía ser; esta vez estaba **SEGURÍSIMA** de que habíamos acertado. Tenía que ser eso, y por las caras que ponían mis amigos, todos parecían estar de acuerdo conmigo. Pero el hombre seguía sin moverse **NI UN MILÍMETRO**, como si estuviese intentando decidir qué hacer. ¿Se podía saber por qué le estaba **COSTANDO TANTO**? ¡Estábamos todos al borde de un **ATAQUE DE NERVIOS**! Pero entonces se inclinó hacia delante, se ajustó el sombrero para mirarnos mejor y...

—La respuesta es **CORRECTA**.

¡WOOHOOOO! Saltamos y nos abrazamos entre todos, superemocionados. No me lo podía creer, ¡íbamos a descubrir la atracción secreta!

—Pero ahora —dijo, **INTERRUMPIENDO** la celebración— tenéis que conseguir atravesar la casa. Os esperan muchas **SORPRESAS** aquí dentro, así que id con cuidado. Estaré esperándoos en la última puerta. BUENA SUERTE.

Y dicho esto, se apartó y desapareció como si fuese un fantasma, dejándonos **SOLOS** en el recibidor de una casa embrujada. Noté cómo se me ponía la **PIEL DE GALLINA**; casi me había olvidado de que aún nos quedaba atravesar un montón de pasillos y habitaciones con **TRAMPAS**, y **MONSTRUOS**, y **VETE TÚ A SABER** qué más. Pero si queríamos descubrir qué era lo que nos esperaba al final de la atracción, no nos quedaba otra. Emma, como siempre, se puso a la cabeza del grupo.

—Bueno, ¡pues vamos allá! Al primer monstruo que me asuste, os prometo que... ¡AAAAHHHHHH!

¡EMPEZÁBAMOS BIEN! De repente, una de las puertas del final de la sala se había abierto **SOLA**, dando un golpetazo contra la pared. Gritamos como si se nos hubiese caído la casa encima. ¿En serio iba a ser así **TODO EL RATO**? ¡Íbamos a salir de allí **AFÓNICOS PERDIDOS**!

—¿Hay que ir por allí? —preguntó Lucía, que se había cogido a la manga de Martín, que se había cogido a la manga de María, que estaba cogida a **MI** manga.

—Supongo que sí... No parece haber ningún otro sitio por donde ir, ¿no? —respondió Ana, que también se había agarrado a la primera camiseta que había encontrado.

Avanzamos lentamente hasta la puerta, la cruzamos y salimos a otra sala. Esta era un poco más grande y tenía una **MESA ENORME** en el centro con sillas alrededor. Parecía el comedor de la casa.

¡PAM! La puerta por la que habíamos entrado se cerró otra vez sin que nadie la tocase y del susto avanzamos hacia delante, sin darnos cuenta de que en una de las sillas había sentado... ¡Un vampiro!

—QUÉ BIEN... —dijo con una voz espeluznante—. Justo habéis llegado a la hora de comer.

Y de golpe levantó los brazos, que eran como alas de murciélago, y voló por encima de la mesa hacia nosotros con la boca abierta, enseñando dos colmillos enormes y afilados.

Volvimos a gritar como locos, empujándonos los unos a los otros sin saber hacia dónde ir. ¡Era el **CAOS**!

Pero de repente Martín señaló hacia algún punto detrás de la mesa.

—¡Chicos, por allí!

Se había abierto otra puerta que parecía dar a un pasillo oscuro como la **BOCA DEL LOBO**, ¡pero cualquier sitio era mejor que quedarse con el vampiro! Fuimos hacia allí y entramos sin pensárnoslo dos veces. Otra vez, la puerta se cerró justo cuando acabamos de pasar todos. **GENIAL**, ahora estábamos atrapados en un corredor lleno de **TELARAÑAS** y **CORTINAS** con agujeros. ¡No se veía nada!

—Bueno, y ahora lo **TÍPICO**. De las cortinas van a salir... —Pero a Jorge no le dio tiempo ni de acabar la frase. De detrás de las telas empezaron a salir **BRAZOS** cubiertos de **VENDAS** que intentaban cogernos mien-

tras avanzábamos por el pasillo. Pero no eran unas vendas cualesquiera; ¡eran brazos de momias! Pasamos corriendo esquivándolas como pudimos hasta llegar al fondo del todo, donde nos esperaba otra puerta abierta.

—Pero ¿cuántas **PUERTAS** puede tener una sola casa? —dijo Paula, que intentaba **ESPANTAR** a las momias con su **PELUCHE TORTUGA**.

La siguiente sala parecía ser el dormitorio principal. Había una cama enorme pegada a la pared, y a su lado habían puesto un armario, un par de mesitas de noche y una ventana falsa por la que entraba la luz de la luna.

—Seguro que está dentro del armario —dijo Lucía, que se había puesto la cámara delante de la cara como para **PROTEGERSE**.

—¿El qué? —dijo Jorge.

—No lo sé, ¡pero **SEGURO** que está en el armario!

—Y qué hacemos, ¿nos acercamos? —dije yo sin entender nada.

—**¡¡NO!!** —gritaron todos a la vez.

¿VES DÓNDE SE HA ESCONDIDO EL MONSTRUO DE ESTA HABITACIÓN? ¡ENCUÉNTRALO!

Entonces, de repente, una de las **PAREDES** de la habitación se abrió de golpe. Gritamos y nos volvimos a coger entre nosotros, esperando que entrase el vampiro, o las momias, o **CUALQUIER OTRA COSA**, pero de la pared no salió absolutamente nada. Nos asomamos poco a poco, preparándonos para el susto, pero simplemente parecía ser **OTRO PASILLO MÁS**.

—Pues sí que ha sido fácil esta habita... —empezó a decir Ana, pero justo en ese momento oímos cómo la puerta del **ARMARIO** se abría, y de dentro salió un **HOMBRE LOBO ENORME** con las zarpas en alto.

—¡Os he dicho que estaba en el armario! —gritó Lucía mientras escapábamos de allí corriendo como locos.

Atravesamos el pasillo casi sin mirar a los lados, y cuando nos quisimos dar cuenta habíamos llegado a otra habitación distinta. Esta parecía una **SALITA DE ESTAR**, con sofás, mesitas con manteles blancos y bandejas de té repartidas por todas partes.

—Pues es bastante **CUQUI** —dijo Emma mirando las tazas de porcelana—. A ver, ¿qué monstruos quedan por salir?

—Pues es **BASTANTE RARO** que aún no hayamos visto ningún... —respondió Martín, pero justo cuando iba a decir la palabra, una de las mesitas se transformó en un fantasma de sábana blanca. ¡Esa sí que no me la esperaba!

Grité, pero apenas se me oyó, porque justo detrás de mí alguien **PEGÓ UN GRITO** aún más fuerte. Y entonces me acordé: ¡María tenía **PÁNICO** a los fantasmas!

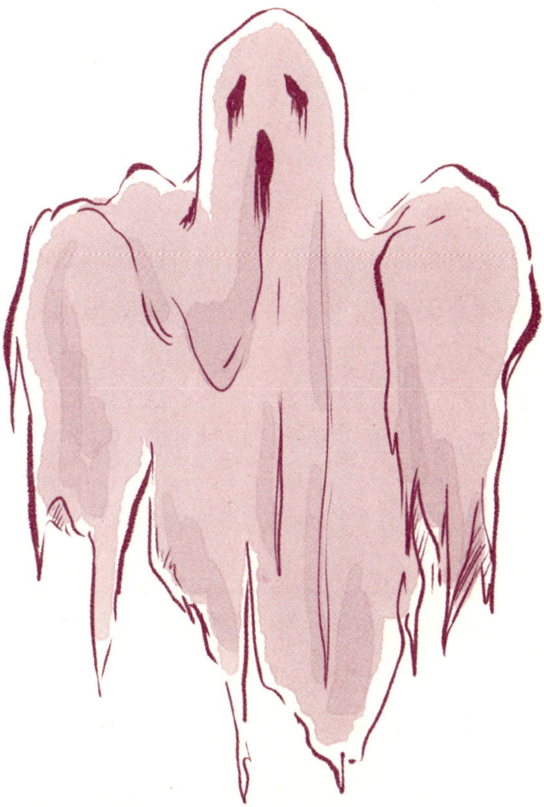

CAPÍTULO 14

La pobre María se había puesto **IGUAL DE BLANCA** que mi padre en la Caída Libre. ¡Por un momento pensé que **LE IBA A DAR ALGO**! Menos mal que Lucía la cogió por detrás justo a tiempo. El fantasma avanzó hacia nosotros y quisimos correr hacia la salida, pero mi prima no podía ni moverse del **SUSTO** que se había pegado. ¿Y ahora qué hacíamos? Suerte que Paula se acercó, la abrazó y le dijo, sonriendo y muy **MUY TRANQUILAMENTE**:

—María, tranqui, ¿no ves que todo es un **TRUCO**? —Se volvió y, con su peluche de tortuga, se acercó al fantasma. Todos ahogamos un grito, pero el espíritu, en lugar de intentar cogerla o asustarla o qué sé yo, bajó los brazos, dejó de perseguirnos y **SALUDÓ** como si nada.

—¿Ves? No pasa nada, no es de verdad.

De repente nos pareció un poco tonto seguir corriendo. Paula tenía razón, ¡había sido **SUPERVALIENTE** al ayudar a mi prima! Nos acercamos a ellas y abraza-

mos a María, que poco a poco iba **RECUPERANDO** el color. ¡Hasta el fantasma parecía querer **ANIMARLA**! Ahora que lo miraba bien, la verdad era que parecía bastante inofensivo. Hasta se le veían un poco los pies por debajo de la sábana y todo. Ya ves, solo hace falta estar un poco **ATENTO**; las cosas nunca son lo que parecen.

Pero entonces, justo cuando parecía que todo iba mucho mejor, apareció el **HOMBRE DE LA CAPA**. ¿Se puede saber cómo lo hacía para que **NUNCA** lo viésemos llegar? Avanzó hacia nosotros tocándose el ala del sombrero de copa, tapándose la cara.

—Bien bien... Veo que sois más valientes de lo que pensaba —dijo cuando llegó a nuestro lado—. Además de ser **BUENOS AMIGOS**.

Uy, ¿qué le había pasado? De repente la voz de ultratumba había **DESAPARECIDO**; ahora sonaba como la de cualquier persona normal. Bueno, de hecho, no como la de *cualquier* persona. ¿Dónde había oído yo esa voz antes?

—Creo que podemos dar el reto por concluido —dijo, y sonaba casi... ¿alegre?—. Os habéis ganado descubrir la **ATRACCIÓN SECRETA**.

Al oír eso, todos dimos un salto de emoción. No me lo podía creer. ¿Acababa de decir lo que acababa de decir? Por fin, después de **TODO EL ESFUERZO**, ¡íbamos a conseguir subirnos a la atracción secreta del parque! Hasta María parecía haberse recuperado de golpe. ¡Teníamos todos unas ganas tremendas de verla!

—Pero antes, una **ÚLTIMA SORPRESA** —dijo la figura.

¿Qué sorpresa? ¿De qué estaba hablando? No sería otro **ACERTIJO**, ¿verdad? Pero nada más lejos de eso. La figura empezó a levantar las manos **MUY LENTAMENTE** hasta tocar el sombrero de copa, y poco a poco lo levantó, **DESTAPÁNDOSE** la cara. Cuando se lo quitó del todo descubrimos que quien estaba debajo no era otro que... ¡**MIGUEL**, el trabajador del parque amigo de Erika!

—**¡SORPRESA!** —dijo con voz divertida.

Claro, ¡ahora todo tenía **SENTIDO**! Por eso el hombre de negro había sabido que estábamos intentando completar un reto, y por eso Miguel sabía que teníamos que resolver un acertijo para poder entrar a la Casa del Terror. ¡Había sido él **TODO EL RATO**! A ver, la verdad era que yo lo había llegado a **SOSPECHAR** en algún momento, pero el hombre de negro era tan alto que al final me había parecido imposible. Pero entonces se quitó también la capa, dejando ver unos **ZANCOS** enormes atados a sus zapatos. Se los desató con cuidado de no caerse, y cuando se bajó de ellos ya volvía a tener una estatura normal. Era un disfraz sencillísimo, ¡pero había funcionado a la perfección!

Miguel se fijó en el fantasma y lo saludó como si fuesen **AMIGOS** de toda la vida.

—¡**EY**, hola Dani! ¿Qué tal el día?

El fantasma lo miró, saludó y se encogió de hombros, como diciendo **«BIEN, NO ME PUEDO QUEJAR»**.

—Me alegro, me alegro. Oye, me llevo a estos conmigo, ¿vale? No te molestamos más. ¡Nos vemos luego!

«¿No te **MOLESTAMOS** más?» ¡Pero si había sido el fantasma el que había salido a asustarnos a **NOSOTROS**, no al **REVÉS**! Qué injusto todo. Pero, en fin, qué más daba; ¡estábamos a punto de **DESVELAR** el misterio de la atracción secreta! No podía más de la emoción.

Nos acercamos a una pared de la salita de té y Miguel apretó un **BOTÓN ESCONDIDO** detrás de una silla. La pared se abrió, y él se apartó a un lado para dejarnos pasar.

—¡Después de vosotros! —dijo sonriente.

Cruzamos el hueco que Miguel había abierto y enseguida nos dimos cuenta de que eso ya **NO ERA** la Casa del Terror. Bueno, en realidad **SÍ** que lo era, pero no estaba **DECORADA** ni daba la sensación de que iba a salir nadie a asustarnos; ¡era el pasillo de los **TRABAJADORES**!

—Por aquí es por donde pasan los **ACTORES** para llegar a las habitaciones —nos explicó Miguel mientras caminábamos—. Todo son paredes **HUECAS**, ¿veis? Hay hasta **ESPEJOS FALSOS** para mirar a la gente que va por la atracción; ¡así sabemos cuándo es el mejor **MOMENTO** para entrar y pegarles un **BUEN SUSTO**! Y esta es la **SALA DE MAQUILLAJE**. Hola chicos, ¿todo bien? —dijo. Miramos hacia donde se dirigía y vimos que estaba saludando... ¡a las **MOMIAS**! Estaban sentadas en unas sillas de peluquería mientras otros dos trabajadores del parque les recolocaban las vendas con mucho cuidado.

Yo estaba **FLIPANDO** en colores; así que era así como Miguel había aparecido y desaparecido todo el rato; utilizando puertas falsas y paredes huecas. Claro, ¡ahora todo era mucho más fácil de entender! Era superguay poder ver cómo se hacían estas cosas. Te hacías una idea del **TRABAJAZO** que había detrás de una casa de terror como aquella. Ahora que lo pensaba, seguro que se tardaban **HORAS** en maquillar a todos los actores para convertirlos en personajes de terror. Me entró la risa tonta con solo imaginármelo; ¿quién iba a decir que hasta las momias necesitaban ir a la **PELU** de vez en cuando?

—Ya se me ha vuelto a caer el **COLMILLO**... Oh, ¡hola, Miguel! Y estos, ¿qué hacen por aquí detrás?

¡Era el **VAMPIRO** de la primera habitación! Lo miramos con la boca abierta. ¡Y pensar que hacía un par de minutos habíamos salido corriendo de su habitación para que no se bebiera **NUESTRA SANGRE**!

—¡Hola, Fran! ¿Qué tal el arnés, ya vuelas mejor? —le preguntó Miguel como si nada.

—Sí, ¡mucho mejor que antes! ¿Qué os ha parecido a vosotros, chicos? Bastante **IMPRESIONANTE**, no? —respondió Fran el Vampiro, muy orgulloso de habernos asustado con su actuación. Nosotros le aseguramos que había sido de las cosas más terroríficas que habíamos visto jamás, y ¡no veas lo **CONTENTO** que se puso!

Salimos de la sala de maquillaje y continuamos nuestro ***TOUR*** hasta llegar a una puerta grande de metal que parecía dar al exterior. Miguel se paró delante y se volvió hacia nosotros, mirándonos con cara de **EMOCIÓN**.

—Bueno, pues aquí está. —Por fin, por fin, ¡por fin! Jorge sacó el móvil para grabarlo todo y Lucía levantó la cámara con el dedo en el disparador, preparados para **LO QUE FUERA** que nos encontráramos allí detrás. Yo no podía parar de imaginarme lo que podía ser. Quizá era una atracción supermoderna de **REALIDAD VIRTUAL**, de esas que parece que te **TELETRANSPORTAN** a otro planeta, o un **TREN SUPERSÓNICO FLOTANTE** como los de Japón, o una caída libre hacia el **CENTRO DE LA TIERRA**, como había dicho Emma, o... ¡Las posibilidades eran **INFINITAS**!

Miguel puso la mano en el pomo de la puerta y, antes de girarlo, nos miró otra vez.

—¿Estáis preparados? —dijo. Me dieron ganas de tirarme encima de él y abrir la puerta **YO MISMA**. ¡Claro que estábamos preparados! **¡QUE LA ABRIESE YA!**

—Bienvenidos... a la ATRACCIÓN SECRETA.

Giró la manilla, abrió la puerta y se apartó para que pudiésemos pasar.

Salimos a lo que parecía ser el **JARDÍN** de la Casa del Terror. Era un espacio bastante grande, lleno de plantas y arbustos y árboles. Miraras donde mirases habían **HIERBAS** y **FLORES SILVESTRES** creciendo por todas partes; parecía que hacía tiempo que nadie entraba allí a podar, plantar ni cortar nada, pero no parecía abandonado. Al revés, ¡le daba a todo un **AIRE MUY ROMÁNTICO!**

Cuando me fijé un poco más vi que los arbustos y los árboles parecían marcar una especie de **CAMINO** hacia el centro del jardín. Lo seguí con la vista, emocionada, porque tenía **CLARÍSIMO** que al final estaría esperándonos lo que llevábamos intentando encontrar todo el día. Ya me estaba imaginando la **CABINA** de realidad virtual, o el vagón del tren supersónico con un montón de **LUCES DE NEÓN** esperando a que nos subiéramos en él, o el **ARNÉS** para saltar al centro de la tierra...

Pero en lugar de todo eso, al final del camino, casi sin iluminar y cubierto de polvo, habia... **UN TIOVIVO DE MADERA.**

—¿***ESA*** es la atracción secreta? —Oí decir a Jorge, que estaba tan decepcionado como yo.

Caminamos un poco para verlo de cerca, pero la cosa no hizo más que **EMPEORAR**. El tiovivo parecía tener **CIEN AÑOS**, por lo menos. La pintura estaba **DESCOLORIDA** y todo crujía como si estuviese a punto de **DESHACERSE EN PEDAZOS**. Y olvídate de la veloci-

dad y de girar a toda pastilla; no parecía ni que se pudiese **PONER EN MARCHA**.

—Eh... ¿está un poco **VIEJO**, no? —dijo Emma, poco convencida.

—Claro, ¿cómo no va a estar viejo? —respondió Miguel, que miraba el tiovivo como si fuese la cosa **MÁS GUAY DEL PLANETA**—. Es la **PRIMERA ATRACCIÓN** que hubo en este parque.

Tocó el morro de uno de los caballitos y se volvió hacia nosotros, emocionadísimo.

—¿Cómo lo sabes? —preguntó Paula sin mucho interés. Pero Miguel seguía igual de entusiasmado.

—Porque fue **MI ABUELO** el que lo compró. Es normal que siendo el nieto del dueño del parque conozca todos sus secretos, ¿no?

Un momento. ¿Había dicho... el nieto de ***QUIÉN***?

CAPÍTULO 15

No sabía si habíamos oído bien. ¿Miguel era el nieto del **DUEÑO**? ¡Ni siquiera se me había ocurrido que el parque fuese de una sola **PERSONA**! Nuestro nuevo amigo empezó a caminar alrededor del tiovivo y nosotros lo seguimos, ahora escuchando **MUY ATENTAMENTE**.

—Veréis —empezó—: hace **MUCHOS AÑOS** esta zona era un parque normal, sin montañas rusas ni caídas libres. La **ÚNICA** atracción que había era este tiovivo, que entretenía a un montón de gente. Mi abuelo era el **MAQUINISTA**. Venía a trabajar aquí todos los fines de semana, y le encantaba. Siempre nos explicaba lo **GENIAL** que era ver cómo todo el mundo se lo pasaba en grande cuando se montaban en cualquier caballo, o en la carroza. Y no solo los niños. ¡Eso era lo mejor! Hasta los **ADULTOS** se acababan animando a dar un par de vueltas. Siempre nos había dicho que esta atracción tenía un **PODER ESPECIAL**, y no era porque fuese rápida ni porque te elevara por los aires. El tiovivo gustaba porque, mientras girabas, siempre estabas **AL LADO** de alguien que te hacía **REÍR**.

Era verdad. Eso era precisamente lo que había hecho que las atracciones de hoy fuesen **LO MÁS**; mi padre **GRITANDO COMO UN LOCO** en la Caída Libre, Ana **ESTRELLANDO** el coche en los autos de choque, Polina, Jorge y Lucía haciéndose los **DORMIDOS** en la Montaña Rusa... Había sido brutal.

—Una mañana —continuó—, un grupo de **CHICAS** se subieron al tiovivo y, cuando se bajaron, una de ellas se dejó el **MONEDERO** encima de uno de los caballos. Mi abuelo lo guardó, pensando que volverían a por él en algún momento. Y en efecto; ese mismo día, justo antes de que apagara la atracción, una de las chicas **APARECIÓ** preguntando si lo había encontrado. ¿Quién se iba a imaginar que, muchos años después, esa chica sería mi **ABUELA**? —Rio Miguel con aire distraído—. Mi abuelo nos contó que se pasaron el resto de la tarde dando vueltas en el tiovivo y hablando **SIN PARAR**. Siempre nos decía que, cuando se bajaron, ya estaban **ENAMORADOS**. ¡Fue todo un **FLECHAZO**!

Jo, ¡era una **HISTORIA DE AMOR**! Me imaginé a los abuelos de Miguel, montados cada uno en un caballo, riendo y charlando. Ahora la atracción se había transformado en una cosa **TOTALMENTE DISTINTA**. Ya no era simplemente un tiovivo; lo que nos había contado Miguel le había dado un valor **MUY MUY ESPECIAL**. Qué más daba si no era la más rápida del mundo ni la más alta. Habíamos entendido que eso, en realidad, **NO IMPORTABA DEMASIADO**. De golpe, ¡me parecía la mejor atracción de todo el parque!

—Se **CASARON**, y mi abuelo encontró trabajo en otro sitio —siguió Miguel—. No volvieron al parque hasta que, un tiempo después, se enteraron de que alguien había decidido **DERRIBAR** el tiovivo para construir edificios. Les dio muchísima pena. Al fin y al cabo, era donde se habían **CONOCIDO**. Así que decidieron comprarlo, y como a mi abuelo siempre le habían gustado las atracciones, poco a poco empezaron a **CONSTRUIR** más a su alrededor. ¡Y así fue como se fundó el parque!

¡Qué **PASADA**! No podíamos despegar los ojos de Miguel ni de su tiovivo. Realmente era mucho mejor que cualquier atracción secreta que yo me había podido imaginar, y todos mis amigos parecían estar pensando lo mismo.

—Qué historia **TAN BONITA**... —dijo Lucía con cara **SOÑADORA**—. ¡Qué pena que ya no funcione! Me encantaría subir a dar una vuelta.

—¿Quién ha dicho que no **FUNCIONA**? —preguntó Miguel, frunciendo el ceño—. Tenéis un **RETO** que cumplir, ¿no? Subiros a todas las atracciones del parque —dijo, acercándose a una especie de **CAJA DE METAL ENORME** que había al lado del tiovivo, abriéndola y trasteando por dentro—, ¡... pues delante! —exclamó. **TIRÓ** de una palanca y, de golpe, todas las **LUCES** y **BOMBILLAS** del tiovivo se encendieron a la vez, **ILUMINANDO** el jardín. ¡Qué pasada, parecía sacado de un **CUENTO DE HADAS**!

Subimos las escaleras y cada uno se montó en un **CABALLO** distinto. Era genial, ¡lo teníamos todo para nosotros solos! El mío era **BLANCO** con el **PELO ROSA** y las riendas estaban decoradas con **ESTRELLAS DE COLORES** brillantes. ¡Era monísimo!

Cuando estuvimos bien colocados Miguel apretó un botón y el tiovivo empezó a girar lentamente. Los

caballos **SUBÍAN Y BAJABAN** por sus barras de metal, y la carroza se **BALANCEABA** de un lado para el otro como si fuese una barca. Poco a poco fuimos cogiendo **VELOCIDAD**, y al final realmente parecía como si **FLOTARAS** por encima de las nubes con un **CABALLO MÁGICO**, o algo así. Ana estaba a mi lado, riendo y cogiéndose a la barra para no caerse. Yo solté una mano e intenté coger la suya, y ella alargó el brazo y conseguimos tocarnos las **PUNTAS DE LOS DEDOS** mientras subíamos y bajábamos como si fuésemos **AMAZONAS**.

—¡YIPPEE! —grité yo, y mis amigos me respondieron con más «¡WOOOOW!» y «¡YUHUUUUU!» desde sus propios caballos.

Dimos tantas vueltas que dejé de contarlas, pero cuando Miguel **PARÓ** la atracción casi me parecía que nos acabábamos de subir. **¿EN SERIO?** ¿Ya estaba?

—¡NOOOOO! ¡Una vuelta más! —dijimos todos a la vez.

—Lo siento chicos, ¡pero es casi la **HORA DE CERRAR**! ¿Dónde habéis dejado a vuestros padres?

Ostras, **¡ERA VERDAD!** Con la emoción de todo casi no nos habíamos dado cuenta de que se había hecho **TARDÍSIMO**. ¡Mis padres debían de estar superpreocupados! Saqué el móvil y vi **DIEZ LLAMADAS PERDIDAS**. ¡Oh, no! Ni siquiera lo había oído sonar.

Nos bajamos de nuestros caballos y Miguel nos acompañó hasta la **PUERTA DE ATRÁS** del jardín, que daba directamente al parque. Cuando la abrió fue como si se hubiese roto un hechizo; al otro lado, en el parque, la gente estaba dando las **ÚLTIMAS VUELTAS** en las atracciones, y muchos ya empezaban a irse a casa. Nadie tenía ni idea de la **AVENTURA** que habíamos vivido ni de que acabábamos de subirnos en una atracción **SUPERESPECIAL**. Era como si ahora fuésemos los **GUARDIANES** de un secreto. Miguel salió con nosotros y cerró la puerta del jardín detrás suyo. Desde fuera, no parecía que detrás de ese muro hubiese absolutamente nada. **¡SI ELLOS SUPIERAN!**

—Bueno, espero que os lo hayáis pasado bien y hayáis aprendido cosas nuevas —nos dijo, despidiéndose—. Me ha **ENCANTADO** conoceros. ¡Tengo muchas ganas de ver ese vídeo! Seguid siendo tan buenos amigos como sois, ¿vale? **¡Y VOLVED PRONTO!**

Lo **ABRAZAMOS** como si lo conociésemos de toda la vida. ¡Por poco lo tiramos al suelo! Había sido un día genial, pero él había hecho que acabase de la mejor manera posible.

Después de soltarlo y despedirnos de verdad, yo escribí a mi padre **ENSEGUIDA**.

PAPI
Yo: Papi, ¡acabamos de salir de la última atracción! ¿dónde estáis?
Papá: Dani, ¿¡dónde estabas!? No te encontrábamos por ningún sitio.
Yo: Lo siento, ¡te tengo que contar mil cosas! Vamos a la salida.
Papá: *escribiendo*

Estuve **CINCO MINUTOS ENTEROS** esperando a que contestara. ¡Debía de estar **ENFADADÍSIMO** si estaba escribiendo tanto! Pero cuando llegó el mensaje no me lo pude ni creer. Después de cinco minutos, lo único que ponía en el mensaje era:

Papa: Ok.

Siempre igual, es **INCREÍBLE**. A veces mi padre escribe durante un rato y luego decide cambiar todo lo que ha escrito. Es muy gracioso. Puse los ojos en blanco y guardé otra vez el móvil en el bolsillo. Fui hacia mis amigos, que seguían comentando lo guay que había sido todo lo que nos había pasado.

—¿Y cuando Paula ha ido directa al **FANTASMA**? Ha sido una pasada.

—No, lo mejor ha sido cuando Daniela ha solucionado el **ACERTIJO**. Eso sí que ha sido genial.

—Chicas, chicos, ¡tenemos que ir hacia la salida! —interrumpí yo—. Mi padre nos está **ESPERANDO** allí con el coche. ¿Vamos?

Y sin parar de hablar **COMO LOROS**, caminamos

hacia el principio del parque en busca de mi padre, los padres de Ana y la abuela de Natasha.

Llegamos a la puerta de salida y los vimos justo al lado de las taquillas. Nos saludaron, y Erika vino hacia nosotros **CORRIENDO**.

—Dani, Dani, ¡me he subido a la Serpiente Giratoria **TRES VECES**! —me dijo, entusiasmada.

—¡Qué guay! —le respondí yo, dándole un abrazo enorme—. Nunca adivinarás dónde hemos estado nosotros.

—Pues sería **FANTÁSTICO** que nos lo explicaras, la verdad —interrumpió mi padre, que se había puesto delante de nosotros con los brazos cruzados.

Uy, uy... ¡se avecinaba **BRONCA**!

—Papi, ¡te lo puedo explicar! Verás, había una **ATRACCIÓN SECRETA**, y teníamos que descubrir dónde estaba... ¡Y estaba detrás de la **CASA DEL TERROR**! Pero **MIGUEL** no nos dejaba pasar... Aunque no sabíamos que era Miguel, **CLARO**; ¡era más bien un **SEÑOR** con una **CAPA LARGA** y un sombrero de copa **ALTÍÍÍÍSIMO**!

—¿Atracción secreta? **¿QUÉ ATRACCIÓN SECRETA?** ¿Y quién es **MIGUEL**? ¿Y por qué llevas la cara pintada como si fueses un **ERIZO**?

¡Se me había olvidado por completo que aún llevaba todo el **MAQUILLAJE** puesto! Seguro que estaba hecho un desastre.

Nos reímos a carcajadas, y mi padre seguía sin entender nada.

—Explicádmelo de camino al **COCHE**, anda —nos dijo, y nos pusimos a caminar, a hablar y a hacer gestos a su alrededor, **TODOS A LA VEZ**, intentando contarle con todo detalle la cantidad de aventuras que habíamos vivido en un solo día.

—Y entonces Martín nos ha **ENSEÑADO** a salir del laberinto, ¡y menos mal! Porque si no... —Oía decir a Emma.

—Miguel nos ha dado un mapa **ESPECIAL** donde había señalado la atracción secreta, ¡pero no podíamos llegar hasta que supiésemos **RESOLVER** el acertijo! —explicó Jorge.

—Pero claro, no podíamos resolver el acertijo hasta que **COMPLETÁSEMOS** el reto... —añadió Lucía.

—¡Y, aun así, teníamos que cruzar **TOOOOODA** la Casa del Terror!

—Vale, vale, un momento, ¡id **UNO A UNO**, por favor! —dijo mi padre, intentando calmarnos—. Entonces ¿había **REALMENTE** una atracción secreta?

—**¡SÍ!** —dijimos todos a la vez, desesperados.

—No me lo creo. ¿Cómo va a haber una atracción

secreta en un parque tan conocido? ¡Es **IMPOSIBLE**!

—¡Te prometo que no, José Luis! —dijo Martín—. ¡Es **TOTALMENTE** cierto!

—A ver —dijo mi padre—. Enseñadme una **FOTO**, entonces.

Nos quedamos callados un momento, mirándonos los unos a los otros. Vi a Jorge, y me acordé de que él había estado grabando todo lo que habíamos estado haciendo durante todo el día. ¡**SEGURO** que él tenía alguna!

—Jorge, ¿tienes un vídeo del tiovivo? —pregunté, **SEGURÍSIMA** de que me diría que sí. Pero Jorge **TRAGÓ SALIVA** y se quedó embobado, mirándonos a mí y a mi padre.

—Pues la verdad es que no —dijo—. Se me ha **OLVIDADO POR COMPLETO** sacar el móvil.

No podía ser. Miré a mis otros amigos y todos tenían la misma cara de querer que se los **TRAGARA LA TIERRA**. ¿En serio nadie había hecho ni un solo vídeo ni una sola foto del tiovivo? ¡Pero si era la atracción **MÁS GUAY** a la que nos habíamos subido! ¿Cómo era posible?

Entonces me di cuenta de que yo tampoco había sacado el móvil hasta que salimos del jardín; ¡ni siquiera había oído las llamadas de mi padre! Había estado demasiado **ENCANTADA** por todo como para pensar siquiera en sacar la cámara. No me había querido perder **NI UN SOLO SEGUNDO.**

—Creo que, cuando te lo pasas realmente bien, ni siquiera **TE ACUERDAS** de que tienes **MÓVIL** —dijo mi madre, que se había puesto a mi lado—. Me parece que seréis los **ÚNICOS** que hayan visto la atracción secreta. Pero eso es bastante **GUAY**, ¿no?

Lo pensé un momento y, en realidad, mi madre tenía razón. Quizá no saldría en el vídeo, pero eso no significaba que no fuese lo más guay que nos había pasado ese día.

Había **MOLADO TANTO** que, por un momento, nos habíamos olvidado hasta del **MÓVIL**. Eso era aún mejor que tener las mejores fotos y los mejores vídeos del mundo.

—Entonces... ¿eso significa que no estamos **CASTIGADOS**? —dijo Ana, poniendo cara de **ANGELITO**.

—¡Eso lo hablaremos más tarde, señorita! —dijo su padre, intentando aguantarse la risa.

Poco a poco fueron llegando los padres de los demás niños, y nos despedimos con **ABRAZOS GIGANTES** y prometiendo que nos veríamos antes de que yo volviera a Rusia. Había sido un día genial; aún no acababa de creérmelo del todo.

—**JO**, ¿nos vemos pronto, vale? —dijo Ana mientras me daba uno de sus abrazos de **ANACONDA**—. ¿Nos llamamos por Skype al llegar a casa?

Yo me reí y le dije que sí, por supuesto. ¿Cómo iba a pasar **MÁS DE UNA HORA** sin saber nada de ella? Me despedí de Polina, que se fue con la abuela de Natasha, y de reojo vi cómo ella y Jorge se daban un abrazo bastante más largo que los otros que yo había visto. ¡Cuando volviésemos a Rusia pensaba **FREÍRLA** a base de preguntas!

Al final nos quedamos mis padres, Erika y yo en el aparcamiento del parque, justo delante del coche.

—Bueno —dijo mi madre después de un rato—. ¿Quién quiere cenar una buena **PIZZA**?

Y Erika y yo saltamos, entusiasmadas, mientras nos subíamos al coche. ¿Podía un día perfecto ser aún mejor?

Bueno, la verdad era que sí. Podía ser...

¡YIPPEE!

¿HAS LEÍDO LOS LIBROS ANTERIORES DE DANIELA GOLUBEVA?

¡NOS VAMOS DE VIAJE CON LA INFLUENCER MÁS ALEGRE DE YOUTUBE!

¡NO TE PIERDAS EL VIAJE MÁS *YIPPEE* QUE PUEDAS IMAGINAR!

¿CUÁL ES EL SECRETO QUE TE UNE CON TUS AMIGAS?

¡DANIELA GOLUBEVA CONFIESA EL SUYO EN ESTE LIBRO!

ENTRA EN WWW.MEGUSTALEERINFANTIL.COM
Y ENCUENTRA MÁS AVENTURAS COMO ESTAS.

DANIELA GOLUBEVA

DANIELAGOLUBEVA2007

DANIELAGOLUBEVA

ZABIŁAM